海上絲綢之路基本文獻叢書

安南使事紀要
新嘉坡風土記

〔清〕李仙根 撰／〔清〕李鍾珏 撰

文物出版社

圖書在版編目（CIP）數據

安南使事紀要 /（清）李仙根撰. 新嘉坡風土記 /（清）李鍾玨撰. -- 北京 : 文物出版社, 2022.6
（海上絲綢之路基本文獻叢書）
ISBN 978-7-5010-7561-4

Ⅰ. ①安… ②新… Ⅱ. ①李… ②李… Ⅲ. ①中越關系－國際關係史－史料－清代②古代史－史料－越南③新加坡－歷史－史料－近代 Ⅳ. ①D829.333 ②K333.2 ③K339.4

中國版本圖書館 CIP 數據核字 (2022) 第 072408 號

海上絲綢之路基本文獻叢書

安南使事紀要・新嘉坡風土記

著　　者：〔清〕李仙根　〔清〕李鍾玨
策　　划：盛世博閱（北京）文化有限責任公司

封面設計：鞏榮彪
責任編輯：劉永海
責任印製：張道奇

出版發行：文物出版社
社　　址：北京市東城區東直門内北小街 2 號樓
郵　　編：100007
網　　址：http://www.wenwu.com
郵　　箱：web@wenwu.com
經　　銷：新華書店
印　　刷：北京旺都印務有限公司
開　　本：787mm×1092mm　1/16
印　　張：12.875
版　　次：2022 年 6 月第 1 版
印　　次：2022 年 6 月第 1 次印刷
書　　號：ISBN 978-7-5010-7561-4
定　　價：92.00 圓

總緒

海上絲綢之路，一般意義上是指從秦漢至鴉片戰爭前中國與世界進行政治、經濟、文化交流的海上通道，主要分爲經由黄海、東海的海路最終抵達日本列島及朝鮮半島的東海航綫和以徐聞、合浦、廣州、泉州爲起點通往東南亞及印度洋地區的南海航綫。

在中國古代文獻中，最早、最詳細記載『海上絲綢之路』航綫的是東漢班固的《漢書・地理志》，詳細記載了西漢黄門譯長率領應募者入海『齎黄金雜繒而往』之事，書中所出現的地理記載與東南亞地區相關，并與實際的地理狀况基本相符。

東漢後，中國進入魏晉南北朝長達三百多年的分裂割據時期，絲路上的交往也走向低谷。這一時期的絲路交往，以法顯的西行最爲著名。法顯作爲從陸路西行到印度，再由海路回國的第一人，根據親身經歷所寫的《佛國記》（又稱《法顯傳》）一書，詳細介紹了古代中亞和印度、巴基斯坦、斯里蘭卡等地的歷史及風土人情，是瞭解和研究海陸絲綢之路的珍貴歷史資料。

隨着隋唐的統一，中國經濟重心的南移，中國與西方交通以海路爲主，海上絲綢之路進入大發展時期。廣州成爲唐朝最大的海外貿易中心，朝廷設立市舶司，專門管理海外貿易。唐代著名的地理學家賈耽（七三〇～八〇五年）的《皇華四達記》記載了從廣州通往阿拉伯地區的海上交通『廣州通夷道』，詳述了從廣州港出發，經越南、馬來半島、蘇門答臘半島至印度、錫蘭，直至波斯灣沿岸各國的航綫及沿途地區的方位、名稱、島礁、山川、民俗等。譯經大師義净西行求法，將沿途見聞寫成著作《大唐西域求法高僧傳》，詳細記載了海上絲綢之路的發展變化，是我們瞭解絲綢之路不可多得的第一手資料。

宋代的造船技術和航海技術顯著提高，指南針廣泛應用於航海，中國商船的遠航能力大大提升。北宋徐兢的《宣和奉使高麗圖經》詳細記述了船舶製造、海洋地理和往來航綫，是研究宋代海外交通史、中朝友好關係史、中朝經濟文化交流史的重要文獻。南宋趙汝適《諸蕃志》記載，南海有五十三個國家和地區與南宋通商貿易，形成了通往日本、高麗、東南亞、印度、波斯、阿拉伯等地的『海上絲綢之路』。宋代爲了加强商貿往來，於北宋神宗元豐三年（一〇八〇年）頒佈了中國歷史上第一部海洋貿易管理條例《廣州市舶條法》，并稱爲宋代貿易管理的制度範本。

元朝在經濟上採用重商主義政策，鼓勵海外貿易，中國與歐洲的聯繫與交往非常頻繁，其中馬可·波羅、伊本·白圖泰等歐洲旅行家來到中國，留下了大量的旅行記，記録元代海上絲綢之路的盛況。元代的汪大淵兩次出海，撰寫出《島夷志略》一書，記録了二百多個國名和地名，其中不少首次見於中國著録，涉及的地理範圍東至菲律賓群島，西至非洲。這些都反映了元朝時中西經濟文化交流的豐富内容。

明、清政府先後多次實施海禁政策，海上絲綢之路的貿易逐漸衰落。但是從明永樂三年至明宣德八年的二十八年裏，鄭和率船隊七下西洋，先後到達的國家多達三十多個，在進行經貿交流的同時，也極大地促進了中外文化的交流，這些都詳見於《西洋蕃國志》《星槎勝覽》《瀛涯勝覽》等典籍中。

關於海上絲綢之路的文獻記述，除上述官員、學者、求法或傳教高僧以及旅行者的著作外，自《漢書》之後，歷代正史大都列有《地理志》《四夷傳》《西域傳》《外國傳》《蠻夷傳》《屬國傳》等篇章，加上唐宋以來衆多的典制類文獻、地方史志文獻，集中反映了歷代王朝對於周邊部族、政權以及西方世界的認識，都是關於海上絲綢之路的原始史料性文獻。

海上絲綢之路概念的形成，經歷了一個演變的過程。十九世紀七十年代德國地理學家費迪南・馮・李希霍芬（Ferdinad Von Richthofen，一八三三～一九〇五），在其《中國：親身旅行和研究成果》第三卷中首次把輸出中國絲綢的東西陸路稱爲『絲綢之路』。有『歐洲漢學泰斗』之稱的法國漢學家沙畹（Édouard Chavannes，一八六五～一九一八），在其一九〇三年著作的《西突厥史料》中提出『絲路有海陸兩道』，蘊涵了海上絲綢之路最初提法。迄今發現最早正式提出『海上絲綢之路』一詞的是日本考古學家三杉隆敏，他在一九六七年出版《中國瓷器之旅：探索海上的絲綢之路》中首次使用『海上絲綢之路』一詞；一九七九年三杉隆敏又出版了《海上絲綢之路》一書，其立意和出發點局限在東西方之間的陶瓷貿易與交流史。

二十世紀八十年代以來，在海外交通史研究中，『海上絲綢之路』一詞逐漸成爲中外學術界廣泛接受的概念。根據姚楠等人研究，饒宗頤先生是華人中最早提出『海上絲綢之路』的人，他的《海道之絲路與昆侖舶》正式提出『海上絲路』的稱謂。選堂先生評價海上絲綢之路是外交、貿易和文化交流作用的通道。此後，大陸學者馮蔚然在一九七八年編寫的《航運史話》中，使用『海上絲綢之路』一詞，這是迄今學界查到的中國大陸最早使用『海上絲綢之路』的人，更多地限於航海活動領域的考察。一九八〇年北京大學陳炎教授提出『海上絲綢之路』研究，并於一九八一年發表《略論海上絲綢之路》一文。他對海上絲綢之路的理解超越以往，且帶有濃厚的愛國主義思想。陳炎教授之後，從事研究海上絲綢之路的學者越來越多，尤其沿海港口城市向聯合國申請海上絲綢之路非物質文化遺産活動，將海上絲綢之路研究推向新高潮。另外，國家把建設『絲綢之路經濟帶』和『二十一世紀海上絲綢之路』作爲對外發展方針，將這一學術課題提升爲國家願景的高度，使海上絲綢之路形成超越學術進入政經層面的熱潮。

與海上絲綢之路學的萬千氣象相對應，海上絲綢之路文獻的整理工作仍顯滯後，遠遠跟不上突飛猛進的研究進展。二〇一八年厦門大學、中山大學等單位聯合發起『海上絲綢之路文獻集成』專案，尚在醞釀當中。我們不揣淺陋，深入調查，廣泛搜集，將有關海上絲綢之路的原始史料文獻和研究文獻，分爲風俗物産、雜史筆記、海防海事、典章檔案等六個類别，彙編成《海上絲綢之路歷史文化叢書》，於二〇二〇年影印出版。此輯面市以來，深受各大圖書館及相關研究者好評。爲讓更多的讀者親近古籍文獻，我們遴選出前編中的菁華，彙編成《海上絲綢之路基本文獻叢書》，以單行本影印出版，以饗讀者，以期爲讀者展現出一幅幅中外經濟文化交流的精美畫卷，爲海上絲綢之路的研究提供歷史借鑒，爲『二十一世紀海上絲綢之路』倡議構想的實踐做好歷史的詮釋和注脚，從而達到『以史爲鑒』『古爲今用』的目的。

凡例

一、本編注重史料的珍稀性，從《海上絲綢之路歷史文化叢書》中遴選出菁華，擬出版百册單行本。

二、本編所選之文獻，其編纂的年代下限至一九四九年。

三、本編排序無嚴格定式，所選之文獻篇幅以二百餘頁爲宜，以便讀者閱讀使用。

四、本編所選文獻，每種前皆注明版本、著者。

五、本編文獻皆爲影印，原始文本掃描之後經過修復處理，仍存原式，少數文獻由於原始底本欠佳，略有模糊之處，不影響閱讀使用。

六、本編原始底本非一時一地之出版物，原書裝幀、開本多有不同，本書彙編之後，統一爲十六開右翻本。

目録

安南使事紀要

安南使事紀要

四卷

〔清〕李仙根　撰

清抄本

安南使事紀要序

皇上乘龍御天懷柔萬國海隅日出罔不率俾頃以

交黎搆怨莫氏來歸屬國擅兵義當聲討

皇上秉好生之深仁廓如天之弘度爰涣

德音復其疆土

特命遴選才能知大義善辭令者持節以行

廷議以侍讀李公樞部楊公請

上俞之
臨軒親遣異數有加二公㫺
命星馳間關萬里告成事而還猗歟休哉聞之使事
有指又聞大夫出疆有利國家專之可也是役
也明楚丘之義返汶陽之業此出使之指也若
乃荒裔之外狙詐飈起始則奉
詔遲疑繼則持議齟齬彰之以文告申之以話言往

復千端濡滯時日此非使臣之所及料也二公禮以行之義以正之布誠信以安之析利害以怵之於是遐方讋服敵怨輸平興滅繼絕義問宣昭無專命之嫌溥仁言之利斯春秋所以序王人賴有辭也夫決機兩陳轉鬬千里師武臣之事也戰勝廟堂之上折衝樽俎之間卿大夫之責也南交三百年來黎氏篡陳莫氏篡黎黎

又僞莫蠻人互相讐殺習俗固然永樂大創於季犁嘉靖一試於登庸卒之珠崖見棄金人代身而陳師鞠旅蕭然煩費所謂弊所恃以事無用也以我

國家全盛之勢師武臣之力聞鼓鼙之聲孰不踴然思奮乃二公一出而

國體以尊遠人以服冠瑚之度勇於介胄金石之

訓銛于甲兵夫而後知
中朝之有人信文章之可以華
國也豈惟絳灌摧鋒亦何必張陳甘傅乃稱能使
絕域哉余不敏待罪兩粵馳驅東鄙不遑啓處
遥望西陲維藩永固藉手二公實有厚幸焉於
其還
朝爲歌皇華之首章美二公之相與有成也不辱

君命也載歌江漢之卒章頌我
皇上之洽文德也知人善任使也
皇清康熙八年己酉仲夏總督兩廣等處地方軍務
兼理糧餉兵部尚書兼都察院右副都御史加
六級前内秘書院學士周有德題

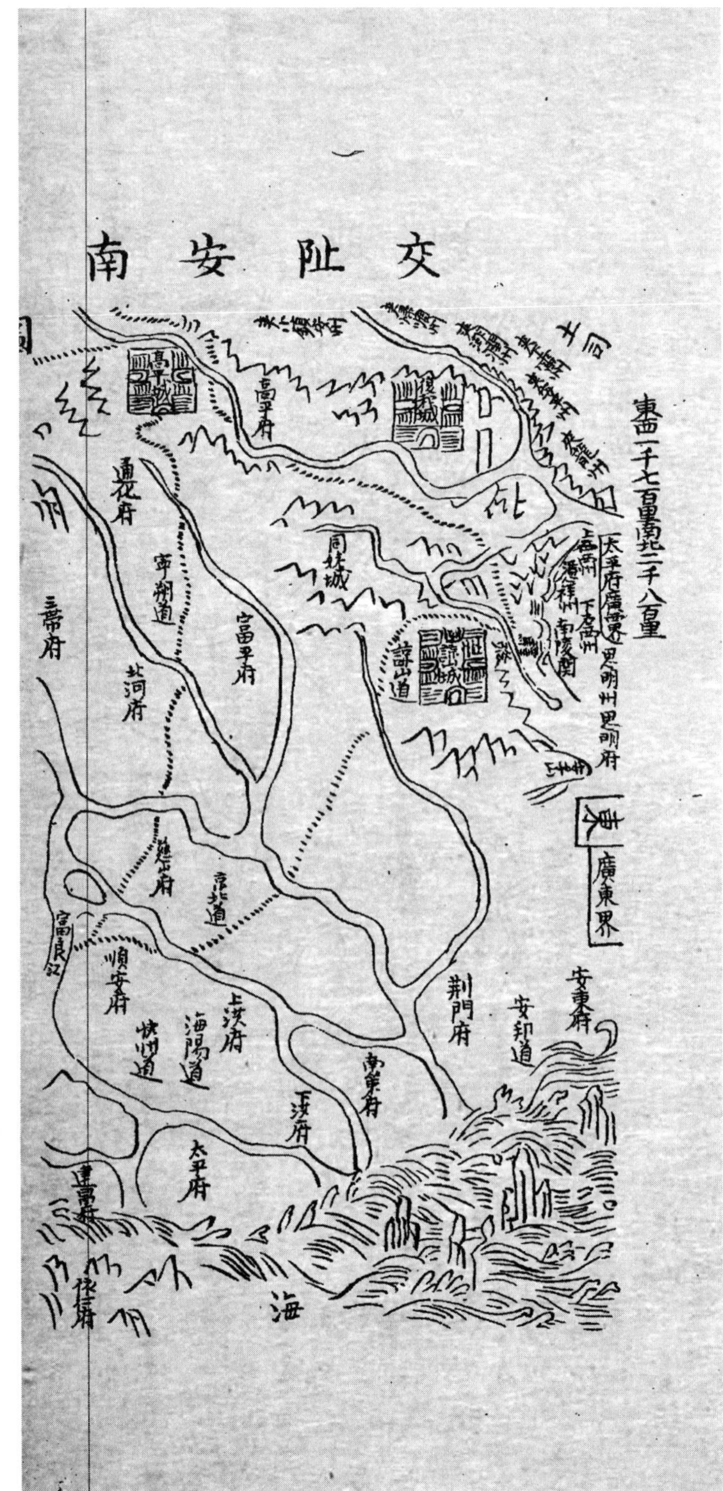
交阯安南
東西一千七百里南北二千八百里
廣東界
海

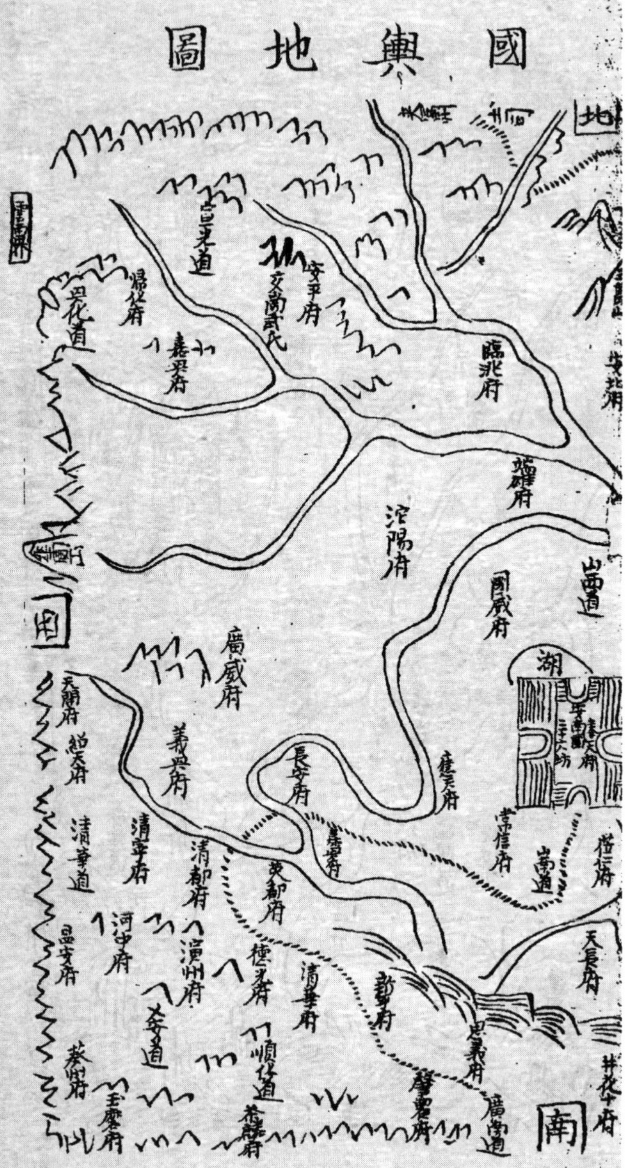

國輿地圖
臨洮府
沱陽府
廣威府
義興府
長安府
清華道
清華府
山西道
天長府
南

星槎案畧　　正使臣李仙根手纂

黎氏有安南近三百年矣前嘉靖初其臣莫登庸篡之後敗退據諒山以北世相讐也萬曆初解和以諒山高平等府州分莫氏世守爲屬國明之末莫氏益弱諒山太原等地皆失至

國朝定粵莫敬耀來歸未受爵而卒其子元清襲因授安南都統使黎維禔亦來歸未受封而殞其子維禧立康熙三年遣官　諭祭維禔五年遣官　冊封維禧安南國王二氏

仍私相仇殺無虛日六年八月維禧遣人奪高平兵馬甚盛元清欲納欵其頭目阮公遼不聽強戰遂敗潰元清舊與歸順下雷各土司有隙無援徑路亦絕乃望小鎮安走不得入故奔飯朝飯朝則滇界也元清已幾見獲適得富州土知州沈崑璫廣南總兵王會游擊管千總事詹志寬接應安置幸而保全男女老小不足三千口行李俱空七

年正月

平西親王以聞於

朝兩廣各衙門俱有　奏報蓋黎氏擅兵之罪自莫能逭而鷹
鸇之逐無禮羣臣具有同心惟
皇上如天好生宸衷獨斷　命以　勅諭黎王令還地民講好
安生　命移元清于廣西南寧府安養等候兵部擬以
勅遞送安南四月廿八日　特命應差衙門遴選才能知
大義善言語者往二十九日內三院以侍讀加一級臣仙
根兵部以主事加一級臣兆傑名上卽奉
旨及傳諭云云五月初七日自具二疏十五日奉

旨及傳諭云云是日　賜正一品麟蟒服　諭兵部傳上殿賜
食兵部以求雨齋戒請寬期十九日乃召入　賜坐食
親以　御前盤果頒賜詢鄉貫出身及交南事宜二十日辭
朝二十一日行
緣係密本不敢詳述撮其大畧如此

安南使事紀要卷之一

康熙七年十一月二十八日正副使册先後抵南寧府設
勑旨龍亭令安南都統使莫元清拜畢更公座引元清見叩頭
流涕云自奔竄失所蒙
朝廷高厚之恩兩大人辛苦遠來卑職得見天日矣共諭云
皇上憫爾遠適故特遣使臣來料黎氏自不敢抗違爾歸有日
爾且安心俟候不必悲泣可將高平土地界址及失散家
口數目詳造印册具呈地方官轉移本部院以便查取但爾

狼狽至此兵馬財物殺刼一空即使安南悔禍還爾故地

爾亦何以自立元清云若得兩大人宣布

恩威得還高平祖宗墳墓所在敢不勉力撑支以報

朝廷再造之德并爲兩大人修建生祠使子孫感念不忘

二十九日共捐銀付宣化縣買米百石并緞紬靴韈猪羊

酒等件犒賞元清囑隨行人不得受元清酬勞銀各十二兩俱還之

十二月初一日面商提督馬催元清造報印册

初四日正使登舟先行

初五日副使亦行元清持黄金十兩獻且云更具十兩附
送李大人副使正色斥俱還之
十二日進太平府聞交趾夫馬未齊文淵州委官阮廷禄
具文探來意且求寬限共議非前行近關恐其悠忽不經
心也
十八日始從陸路行
十九日至思明府
二十二日移文提督仍催元清印冊又屢牌行新太營恭

將及龍憑守備刻期出關彝官連具文求展限謂馳報國
王遣官及兵夫象馬至關迎接往返月餘恐失悞取罪于
是駐節更歲矣查往例
欽使牌至太平左江道官即行票關外責令速迎體統嚴肅此
番道鈌已裁太平府非其職掌而署思明同知者乃一府
經歷防南關者僅一守備彝情多詐呼應不靈兩使臣自
行催促非故事也不得已耳
康熙捌年正月初四日得邊報云交彝官兵已抵文淵州

初六日行宿受降城可六十里

初七日宿幕府營可四十里前抵南關密邇矣自廣西桂林陸路至南關止一千六七百里因山路荒險夫馬不便故從灘水下梧又從梧逆流上潯邕泝左江幾多轉七八百里

初八日至南關可二十餘里晨行大雨如注土人皆云從來出入開關必雨未有爽者亦可異也及近關則居然雨止風清矣正副使朝服站班文武各官衆送

勅書遣官祭關神土神伐鼓開關門彛官義領子同存澤侍郎
裴廷員學士吳珪進謁
勅書旣又文武官叅送正副使彛官亦手本拜迎皆如儀傳諭
該國夫馬進關接替諭守備逐一查點隨行名數行李什
物不許夾帶賣放等情仍集文武官面語云
朝廷遣兩使臣宣諭外彛已有定算
天威所布自是拱服萬一異域叵測稍有疑難兩使臣惟
君命是視奉

命之日即授命之日不可以二人之故疑阻牽制也守備羅仲
高進云
天朝聲靈兩大人才望彼國必當聽受唯謹未弁住此拱候佳
音何至如大人所言遂行可十里許宿文淵州同存澤呈
詩一首使人語云王事在身不暇私論詩文俟成事後商
論可也
初九日抵諒山府可四十里有古城居民多在城外平原
曠野山水環秀

初十日桑官懇留住一日以便前途收拾接應久乃許之
仍取不敢虛悮甘結一紙連日風雨大寒
十一日重裘乃行抵安州可百里
十二日過鬼門關具祝文猪羊酒物祭馬伏波將軍舊例
也宿屯麋可九十里
十三日抵茶山可七十里自屯麋至此漸入平地居民湊
集披髮跣足奔馳懽笑而擁觀者曰有增加正副使嘆曰
何人滿若此交民卽吾民萬一事之不諧吾二人之疚矣

十四日抵昌江可五十里

十五日抵市橋可四十里

十六日抵安詳可四十里黎王遣番官濯郡公鄭㻩延祿伯楊澔具羊酒果物迎至館量收其半賞銀捌兩仍以牛酒猪羊犒迎護兵丁

十七日抵交州臨賀館可三十里自南關至交州約四百八十里許惟諒山至鬼門關百里間山環林密絶無人烟澗溪九十餘渡餘俱平衍大道不濘不沙可以方軌聯轡

矣該國復呈牛酒諸餞止存果品一二餘俱璧其輔國政

鄭檍亦送禮量收數色仍發犒該國兵丁

十八日傳同存澤等諭令國王迎

勑開讀一切儀禮務遵會典毋褻褻官雖知爲莫氏事然故請

密示來旨大意共諭云

朝廷有勑宣諭爾王開讀時自然通知爾等何得私請于是張

示嚴誡各員役不許與番官通事居民私相勾引交易輕

言妄動生事壞法犯者從重究治是夜雨甚大寒

十九日黎明雨雪交人驚異憶永樂時張國公輔等已平
安南上特遣監生張禮祭衡岳之神求賜鴻庥潛消瘴癘
俾降清凉使將士安寧百疢不作今之此行自出關來震
風日應繼以霏雪真
皇上好生所感百神効福兩使臣不禁舉手加額喜淚交至矣
王遣人候安請展開讀期益嚴諭促之
二十日暮番官來探
旨意云何且具禀帖約畧云奉國王旨曉因鄭輔國之母九十

五歲適于本月十四日卽世彼世効忠勤大有造于黎氏
王聞苌哀痛今奉迎
勅諭儀仗鼓樂則報孝之情未安或于禮上少簡則敬尊之意
未盡乞隨時酌宜許令重臣祇領齎回于禮雖有酌行恭
敬之心則一等語于是作帖諭之
二十一日諭安南迎接官爾等遵國王旨曉轉詳呈來殊
爲駭異本院部奉
朝命間關萬餘里而抵爾國理應至卽開讀聽受唯謹不意三

四日傳諭再四今乃以輔國鄭氏喪爲辭且欲令重臣領
賷何其謬也夫
朝廷大命所至風行草偃國事尚爾暫抑私喪何得抗撓迎
勅開讀會典具有常儀從無陪臣私領之理今鄭氏之喪私喪
也所謂凡民有喪匍匐救之者爲親而不尊者言也爾國
更有尊于黎王者乎以國王之尊而云盡孝敬于功臣之
母自古及今殆所罕聞爾王謂鄭家功德格天忠誠貫日
本院部亦久悉矣然忠臣之於國也扶危定傾分所宜然卽

功愈大者心益小權愈重者禮益恭斷未肯以家庭之私
喪屈其主於苫塊之班者也爾國主果有報德之心但可
輟朝親臨厚賻襚崇封謚以寵慰存亡已耳至于畀而可
踰禮不中節則亦過矣爾輔政鄭既爲忠臣必中大義若
因其私喪廢迎
旨大事開罪
朝廷恐於彼忠義之心有跼蹐大不自安者矣况儀仗鼓吹在
黎王之府非鄭氏之宅何嫌何疑而欲隨時酌宜令重臣

領賫耶本院部奉
旨面諭安南王豈諭安南王重臣耶夫臣雖重孰當王者意者
爾國即有重臣可以當王然本院部未見黎王詎擅徹　命
隕越之機于是乎在而謂恭敬之心則一然乎否乎爾國
在九域之内淳秀好學者代不乏人而舉動議論疵謬如
此尚不可以聞于比鄰而乃肆言于上國開笑於將來乎
爾可轉啓爾王其速如例迎
旨切不可以非禮之辭再爲支延爾諸臣亦宜讀書明理引君

當道卽爾輔政鄭歷練已久亦未有不小心翼翼躬叩國
王抑情就禮者也其詳味毋忽仍而催番官毋得稽延
大命自干罪戾
二十二日同存澤等復具禀申說約畧云莫元清之祖莫
登庸狗彘其心敢行篡奪幸賴輔國先祖掃鋤僞莫收復
都城黎氏再造傳至輔國明昴國王蒙養造就有閱世親
親之義非他泛然功臣可比國王深感内外功德恪循禮
制乃是盛心又曩者范馬二位奉齎

勑諭捉拿楊二楊三亦係重臣祇領如儀今貴使雖非范馬委

差可比至于

君命則一貴使以聖人之學自任能廓大臣泰包之量使本國

沐其餘波等語時即發諭帖云前諭以君臣之大義公私

之至理爾竟執迷不悟乃復狡飾多言本院部奉

勑面諭黎王即有國憂亦當奪情暫止接

勑而後舉況他姓之私喪乎爾云曩者范馬二位公舘交

勑何物范馬敢與本院部比論當時令爾國緝拿楊二楊三者乃

兵部承
旨發付督撫差員交
勅耳今日本部院則係
皇上臨軒特遣密承
天語
親賜寵宴命面諭黎王也發
勅與特簡原自不同遞交與面諭各有來歷本部院未見黎王即
係悖

旨吾教你國以君臣之大義而爾國反開我以悖

旨之逆節又何以責夫他人之狗彘其心者至爾云閱世親親

非他泛然功臣可比夫臣一也功即大猶然臣也豈有泛

然不泛然之别耶若椒房外戚更涉嫌疑馬援之不列雲

臺爾等所知非親而有功者乎總之

勅書在是稽延多日爾不即行祇承本院部豈敢委棄其速啓王

擇吉開讀毋再爲延展支吾將已往之恭順一旦廢弛甚

非策也思之思之特諭仍語通事云此來所爲事小抗

旨之罪大其

旨内事情在開讀後任爾商量停當雖多延數日亦自不妨只

今不肯迎接便大不敬了若復如此本院部郎當起馬入關

請

旨爾後雖欲求我開讀我亦不聽矣至輔國鄭亦爾國老臣其

母九十五歲亦自難得今其令終又遇本院部適至俟開讀

後本院部亦有致祭之義再勿疑阻使情禮俱廢關係不小

二十三日同存澤等又具禀畧云曩者吳程諸公奉

勅至關隨即抄白傳曉玆再冐瀆呈稟希望報知事理庶得啟
王迎接以免錯悞等語隨傳兵部差官魏象賢捧
勅官龍英州吏目趙光最二人皆前此同來者細詢有無抄報
俱面質云并無此事明係支吾即發諭帖云
皇上純仁至聖視中外爲一體念爾國恭順已久故懷柔愈切
今遣兩使臣奉
勅宣諭葢推誠布公愛養撫息至意並無他故何必猜疑據爾
等請示前來但本院部所奉

密旨也原與前此吳程諸公
諭祭冊封發抄邸報者不同安敢先期布聞自干隕越其
旨内事情爾國貢臣有先歸者料必傳知大畧矣開讀之後自
見坦白
天心至本部院頗以忠敬自矢更體
皇上德意絕無欺謬不必再三遲疑逆憶久羈
大命也特諭
二十四日委官京兆尹陶公正翰林校討武維斷二人往

復强禀亦無他說借口必要抄白不然難以開讀副使厲聲云大清律令凡近侍官以國家機密事情雖非軍情但漏洩于人者斬又會典云凡詔書至番國多係機密事情不得預洩此番

密旨自大學士大司馬而外各部院且不得知安敢抄示自羅重法隨取律典二書示之武維斷仍强爭執云總是

勅旨如何不得發抄正使笑且怒云

旨雖同密則不同密字且不知如何做校討爾陪臣驕蹇無禮

拒逆
朝命不行咨報爾王悖理遁詞行當移王重治爾爾之所疑者
總因
勑書爲莫氏而來恐其中有不便于爾國故多方猜疑如此亦
甚愚矣設使
朝廷下一紙命爾國送某人頭來爾國敢惜此一頭而終不奉
之乎今不以尺檄聲罪并不以師武臣力而令二文書生
來此乃

皇上好生同仁造福無疆并未有偏傷爾國之意爾豈可預逆

其爲禍而先取抗慢之罰乎本院部指天誓日開心見誠雖

不抄示已彰大意若有欺言後日何以見爾等爾等勿疑

也

廿五日同存澤等又具稟云亦知爲莫元清事聞是爲本

國好意但恐通事傳譯失寔乞書示果否等語隨批帖尾

云傳示皆係面諭通事原未失寔有福無禍着速開讀

二十六日彝官始入稟容洒道習儀擇吉

二十七日具禀期二十九日奉迎
詔開讀隨諭迎接開讀交拜皆照會典行因抄錄傳示該國
二十八日進禀舊習五拜禮諭云三跪九叩頭乃
本朝儀制爾國既爲大清臣安敢違越旋禀報云皆如諭
二十九日晨屏去刀劍及一切武執事捧
勅渡富良江天色明霽入交州州無城垣市肆斂閉途路乾潔
各街巷遥望者面如山積維禧候立其府之南門傳令出
迎郭門外停車立俟久之遣番臣代迎云郭内係民居去

府門尚遠副使持辭不少假正使云既係民居彼王步出
我等亦須步入非體也于是乃入至其東門外往復催促
堅不出繼遣官獻茶有誡勿飲者兩人笑而飲之召朝官
胡士揚等諭之曰爾國受
天朝封爵自是國家臣子那有
詔書到不出迎之理兩使臣氣節所關豈肯辱
命首可斷足不可移今夜便當于此守宿明日再講不然將
勑奉回公館俟議定更行迎接且爾王一舉步間在彼爲順天

循理在兩使臣爲仗節守義兩善皆得何憚不爲爾等亦
有名交南者可持會典往啓爾王毋自罹不遜也固爭力
辨至未刻諸㕥始屈維禧步至東門通事禀云隨行人尚
帶一二小刀乞拔去許之卽付通事收帶又禀云隨行人
稍遠退毋近王王懼不敢出又許之王乃出門外迎
勑入王請爲前導曰然令行于
龍亭之左至殿中維禧拜稽不甚了了副使就教之維禧驚懼
欲避狀左右捉刀者擁至正使笑曰何胆怯乃爾連叩頭

卽是矣徐捧

勅跪奉王王跪候宣讀諸臣以下皆跪往者宣讀例用該國人

此番則稟用漢人交人多詐究竟疑

勅中有傷害彼國字樣故不欲使土音彰揚也于是令吏目趙

光勗宣讀訖仍拜稽如儀已而賓主東西立爰官請一拱

別諭云本院部奉

天子命來外國而爾王爾外國人得見本院部皆非偶然何得淡

漢如路人耶當遵會典對頭兩拜禮王已聽許行之復訛

訓辨百端卒令成禮獻茶飲之于是招王近前語曰
皇上特恩遣二臣來無非爲王社稷生靈計細玩
勑書自見一時難得面悉我等且回公館王與諸臣斟酌停當
以報
命可也陪臣稟云今日勞倦且請休息容俟商確回報斷無不
遵
朝旨之理于是乃出王從西角門送至二門外別日已西沉及
抵館漏下二鼓矣正副使對揖各稱謝相與有成

卷一終

安南使事紀要卷之二

二月初一日傳通事阮勤賢等至語云爾二人方進貢回

來中國規模

朝廷福澤及我等來意爾自悉知矣爾聲音頗正此後可用心

將我等所言細心明達并將

朝廷好意不時開導爾國更囑爾官前有所掠高平人等切不

可以

勅書有退還之說從新增加殺害已後查對出來比前罪更大

爾當諄諄言之此亦爾功名根基且爲子孫造福者也二
人叩頭唯唯
初二日爨官來禀前日宣讀後國王勞頓極矣昨日倦睡
未起今方下令諸耆臣先齋戒三日乃會議請寬期共諭
云此
朝廷特恩爾國安危至計正應仔細商酌務必妥確不可草草
吾不迫爾也
初三日共商云前因彼國不即開讀恐傷

國體故欲以致祭鄭檍之母使之欣慰毋梗大計雖非故事亦權變也渠已令通事回稟云聞兩大人盛意何以克當即此一言已感謝不盡矣如此正當示之以信又聞其居喪頗有草土禮于是爲文顯誇其哀孝而終勗其臣節云

初八日遣前站官及吏目往祭之　文曰自予二人入交之日奉迎官即以其輔國鄭母喪聞詢其年幾百歲矣按其行述則敬戒婦事相夫勗子累世忠勤恢張公室易危而安轉弱爲强又令奉貢　天朝恪恭誠順上下安榮令

行化外至是享遐齡考終命不疾而逝嗚呼何其劭也乃
其子老矣苫塊杖起動遵禮度哀慕之忱彰于遠邇于是
兩使臣聞而嘆之曰猗歟我
皇清聖天子出而日域月窟之隅燭龍火鼠之鄉悉登仁壽此
其一徵矣乎夫國家之休祥每托根于門内而人世之疇
福難畢萃于一身葢有其德無其應者衆矣未必非時爲
之也乃茲以有嬀之芳淑鍾造物之靈長欝爲人瑞蔚作
坤貞褒榮錫而有加令譽昭而無盡身覩

廓清之日月志安忠孝之門庭卽當白雲遠駕更値星使來臨
將播聲稱于上國更侈域外之美談何其遭際度越種ヒ
若此乎固知令容雖邈遺訓聿垂方啓佑乎後人定世篤
乎忠藎自時厥後愼終如始順
天恭 命尊主庇民振一國之綱紀端庶僚之表率則子姓流
芳之年皆泉臺含笑之日也
初十日鄭檍以官銜帖謝内開土儀三百两交絹二十疋
交布二十疋共商盡却則非情多收則失體每人收絹布

各一仍責易孝帖來彛目再四懇禀云不全收不敢回復
給諭帖云中國無受喪家禮物之理其所以受絹布二端
者爲寿帛故也餘物自應發還爾可將此情節歸復非本
院部之不情也連日催覆俱云事關重大通國會議必需詳
慎請寬期
十三日申時黎王具柬云欽蒙二位大人齎捧
勅諭到國已整備
龍亭迎詔　敬天臺焚香行禮捧讀訖深思所以復

命今因星駕言還謹歷叙國内先今事寔具在
奏本希望二位大人體悉此情通達上進庶本國得孚顒望之
恍而大人之功之義長在南國歌誦於永久矣等語當觀
奏章蔓衍支飾絶無退還尺土一人之意旋對來官開諭一番
來官乞恩求收
奏本諭云爾國如此愚傲殆非一言能盡爾收回俟作書曉爾
王可也因共商兩人各作一篇各陳所見庶無遺漏使不
得再有推托

十五日卯時發書

欽命安南正使内院正一品李　謹致書於

安南國王黎殿下自二十九日開讀

勑書以後面囑王君臣斟酌停當以報

聖天子撫綏至意時廷臣白自當如

旨故本院退居公館静聽十餘日誠以事干貴國安危至計未

可草率故不行催促今十四日矣意貴國必有深謀遠慮

之人爲經國長久之計上順

朝命下安生靈釋已往之愆尤享昇平於無窮不意一接來柬
便展
奏章反覆縱觀俱屬淺謬時卽面呼通事畧述理體及利害禍
福之端而通事不能詳達來官更未信服是使
皇上生全之德不見暢於南服而執事者狃一時之愚見悞一
國之大事甚可惜也總之
皇上生全之德
勅書中已自詳備執事不行慎思恪遵豈所謂大哉

王言未易詮曉乎則不得不明疏其説兼指廷臣悮國之機
以俟賢達之自悟也自安南輒行構難元清竄入滇邊籓
臣已有敵愾之心廷議欲彰無將之義
皇上念
上帝好生交民亦卽吾民不以元清之故而忘貴國數年之恭
順於是排去衆論
特發深仁不究已往之專擅獨令發還地方人民各安境土
此所謂

天地覆載之恩安南無疆之福也夫
皇上豈不知貴國用兵之意與主政之人果真為復九世之仇
哉其所以不深求而止令使臣宣諭者正所以愛安南之
甚不欲以高平之僻壤而害安南之全局也乃執事不能
揣時度勢順
天恭
命但云元淸之祖有簒弒之罪春秋大復讐之說亦嘗取公羊
而細讀之乎夫上無明王下無方伯則私自復讐可也不

然則推刃尋仇大亂之道王法所必禁矣王試思當今何
時謂之無明王無方伯可乎是言一出邀罪不小此廷臣
之不善讀書而誤王之國事一也又謂高平原係安南地
方本院豈不知之但當前朝莫氏强盛之日令先祖不能
自制亦求救于上國欲莫氏之退居諒山高平而不可得
也卒仗上國之威靈安置莫氏於高平時貴國方且慶幸
之不暇而又何暇於復讐哉倘自是之後明季多事之日
取其亂而侮其亡夫亦誰得而非之今當

國朝定鼎與世更始莫氏既已歸順
朝廷更加寵錫而貴國反行襲取則是非取莫氏之地而即取
朝廷之地非逐竄居之孽而即逐
朝廷之人矣此廷臣之不善審時而誤王之國事二也又王前
致書金撫院及今回
奏皆以莫元清舊與光澤王黃應麟等血誓諸惡以爲
天朝必且痛之恨之定甘心之此更可笑也夫帝王之心往者
不追來者不拒蕩蕩平平不念舊惡豈如是之屑屑不忘

人過耶且無論元清若光澤而在俛首歸誠即賜殊恩大
王小侯俱未可量又況脅從之人哉而必欲以已往之作
過爲當今之罪案則亦不知我
皇上寬大之旨矣且貴國既謂復九世之仇而又津津以彼誓
書爲言豈又爲
本朝報復哉此廷臣之不善觀變而誤王之國事三也又貴國
既逐元清金撫院准兵部咨曉諭貴國爾時具有甘結一
紙云黎數胡士楊阮廷祿等六道撤兵如有虛妄即數等

甘任其罪今之回

奏則云已差員目戍守高平若前已撤兵而今復戍守則是前恭而後倨罪不可言也若名爲撤兵而原未撤兵則是揑無而爲有罪更不可言也夫小國之事大國者信也人而無信不知其可稚子弄影不知反爲影所弄此廷臣之不善慮患而誤王之國事四也又本院面諭以目下從違卽爲禍福之端來官則云本國恭順未嘗失節

天朝斷不加以無名之罪殊不知元淸旣受

勑印郎爲

天朝之臣子天下有恭順於

天朝而復逐其臣子尚可謂之恭順乎且所謂進貢者豈貪貴

國之財物謂足以益太倉之一粟乎不過恭敬幣帛以明

不敢生事邊疆耳今以進貢之故而謂可加兵高平將一

年一貢而便可加兵内地矣是以進貢之名而長作惡之

寔也此廷臣之不善推理而誤王之國事五也大抵貴國

當明季衰弱之餘稍自振拔爲變夷長便自以爲并中之

天所見極大故置一切利害不足關心不知從古家國之事皆自不關心壞之詩曰天之方蹶毋然泄泄吾觀廷臣嘻笑自如無一人任國事建高議而銷未萌者此殆近於泄泄矣夫小固不可以敵大弱固不可以敵强貴國能敵中原一省乎人物器械能敵遼左西北之萬一乎夫猛虎在山藜藿爲之不采人臣事君見無禮於其君者若鷹鸇之逐鳥雀也

皇上好生如此而不見孚於貴國此乃猛虎鷹鸇奮怒之時矣

甚可畏也夫弭患於已患之日則難爲功除病於未病之
日則易爲力本院體
皇上深仁而相爲曲突徙薪之計乃爾廷臣身爲柱石反有燕
雀處堂之娛此廷臣之不善度德而誤王之國事六也且
貴國不但不還高平并欲處治元清此又昧昧無知者之
見也諸侯失國託於諸侯禮也況有天下者爲天下之主
乎鳥獸急而投人因而殺之者不祥今元清見逐乞憐於
朝朝廷不惜數萬金粟養之南寧以俟貴國之悔禍而貴國倨

傲若此王亦曾設身爲

朝廷區處乎將割内地之數縣以封元清乎則是失之於安南而取償於中國也我中國無代安南賠地之理將縛縶元清并其家屬以畀貴國乎則是逆生於中國而寔速死於中國也我中國豈有代安南捕逆之法今一則曰舊讐再則曰逆孽以爲

朝廷必所同惡不知律設大法禮順人情自堯舜三代以迄於今日往往以子孫之不肖而貽辱其先人者有之斷未有

追祖宗之惡而殄滅其後裔者也

本朝止知元淸爲受

封之都統不知其他若使貴國非素恭順則問罪之師朝發

夕至矣又何暇從容令二使臣鼓舌耶而貴國絶不計反

此廷臣之不善遠慮而誤王之國事七也王之諸臣得毋

謂得一尺王之尺得一寸王之寸况高平故地何所顧忌

不知似是而非者誤人不小故有國有家者以宗社爲重

或去短而就長以生靈爲急或忍小而就大蓋聞虎者猛

獸也一旦蹈機而繫其蹯則不憚震蕩跳哮決蹯而去夫虎豈不自愛其蹯哉誠以一蹯之故而遺全身之害非策也雖決蹯所全者大矣高平之於安南未必如蹯之切也今雖無高平安南之完美自在也以高平之微而增安南之憂何智之不若虎哉秦人有爲械以鈎猴猱者刳本爲厢竅其端可容臂内寘羞桃投山林中猴猱競探之既握桃則不得復出及人已至叫躍驚懼無所不至而手不釋桃以故不得脫昂首受斃者不失一焉今高平者械中之

桃探而不忍釋將有受縶之虞矣夫以貴國林總之人而
效猴猻探桃之計豈不羞哉此廷臣之不善趨避而悞王
之國事者八也且夫謀國之道事上交鄰剛柔互用屈伸
無窮故老氏有知足不辱之訓大易著亢龍有悔之文王
之於莫氏既奪七源於往日又殘高平於去年使元凊跳
身遠遁家屬銷亡掘掠財寶縶纍老幼此亦可謂剛之極
而伸之至矣於斯時也無俟
朝廷之大命卽廣西巡撫或左江鎮道遣一介之使爲元凊游

說貴國亦當緣情而動適可而止自不宜以無益之高平而傷上國之歡心而况
皇皇聖恩加以侍從親行舌儆而執事若不聞穎禿而執事若不見夫兵凶器也信而順守國之寶也陳氏以日攻占城而禍起簫墻黎季犛以詐殺天平而父子受戮貴國之所知也今王始不請
旨分解而專擅之於前繼則虛言撤兵而寔朦朧於中今又弁髦

王章文飾狡辨而悖慢之於後所謂知剛而不知柔能伸而不能屈不解知足之義必有亢龍之悔矣夫人必自侮然後人侮之倒持太阿授人以柄豈善後之策哉此廷臣之不善權宜而誤王之國事者九也意者王之諸臣止見數十年間國内小康以爲天下無難之者且得其地不足以爲廣收其民不足以爲衆集其財不足以爲富而永樂宣德之時勞師屢攻曠日持久卒之取而不能守守而不能久以此放心縱意謂天兵之必不過而問也不知永樂原無

取安南之心黎季犛自爲尋死之道及其罪人斯得本欲
挈安南而還之陳氏無如陳氏滅無遺種不得已而夷爲
郡縣又其時永樂之所深謀遠算者在西北而不在東南
以故鎮守措置一切草草其不能久守無足怪也若便以
爲交阯自一都會終不可得而臣使則亦過矣彼自秦以
迄漢迄唐七百年間何嘗不郡縣與内地等哉夫
朝廷之不輕加兵於安南者
帝王之度也執事輒以爲無加兵之日而肆其虚誕則悖逆

之節矣夫至於悖逆則
帝王之度亦安能容哉此又廷臣之不善知彼知已而誤王
之國事者十也凡此十者固庸人之所易解中人以上者
之所深信而廷臣不悟以悞王國故本院不得不縷縷言
之本院受
命之日請
旨而後行王不遵
旨於本院何辱焉所惜者數百年之宗社數百萬之生靈千餘

里之幅幀而無一深謀遠慮之人爲經國長久之計辭福
而取禍避利而就害小不忍而亂大謀愚者之所不爲也
今本院留公舘一日則貴國尚有一日之轉旋高平久爲
烏有高平之人民本屬于虛損貴國之所本無順
天子之所欲得去悖逆之口寔收忠順之後効有福無禍有利
無害廷臣亦何憚而必不爲哉王其慎思詳味遵奉
勅旨苟顧目前後悔何及臭立葵立葵
欽命安南副使兵部正一品楊　謹致書於

安南國王黎殿下捧
詔入國宣讀十有四日矣意
聖恩廣大
勅諭温厚和平原爲貴國主臣留有餘之地俾善自悔悟感激
不即加誅之
大恩仰遵
鈞旨將高平土地人民退還元清具本復
命無疑也詎貴國全無老成碩畫深謀遠慮之人仍襲東復粤

撫之前說支吾遮節狃目前之愚見踣悖
旨之逆節有不勝大爲駭異者大抵王以蚤年御國鄭輔政又
愴然在苫塊哀痛之際諸議事臣盲昧無知不體
皇上包容之聖恩不凜外藩臣順之大義不度爾安南宗社生
靈之利害存亡造次以處而執迷不返其悮國毒民莫有
甚焉者矣請得爲王痛切言之王與元淸世讐力圖報復
皇上悉之熟矣
勑諭剴切詳明矣而又嘵嘵復爲藉口堅引齊紀爲証不知九

世報仇之說在胡文定已闢公羊之妄而公羊亦曰上有
明王則襄公不得復私仇矣今
天子聖神仁武可謂上無明王乎一言之失鈇鉞隨之況敵怨
不在後嗣柯之盟春秋善之僖成取濟汶之田春秋著其
擅兵爭奪之罪曰苟不請于天王以正疆理雖取故地與
奪人之有無以異比類以觀抑何讀經不求正解而偏執
謬說以搆禍也夫莫氏爲王臣子高平爲王上地此自嘉
靖十九年以前言也迄今據高平各守其土各長其民後

王之不得臣莫氏百有年所矣必執泥往事則自古迄今
王安南者豈獨王一姓乎王之先祖不常爲陳日煃之臣
乎遞取而還其主王將何以自解免也且王之先不常破
占城國都擄其王茶全乎不常侵並老撾之地乎惟仰借
天朝成勢故奄有屬國耳儻相習尋仇環起而報九世之仇者
不旋踵而至王又何以自解免也他如謂隱匿黃應麟揚
祥罪過此皆已往成事
聖朝厚自寬大使楊黃尚在華心嚮化方且赦其罪而爵之寧

區區舊惡之是念乎
本朝定鼎元清歸命投誠居王之先則高平土地
朝廷之地也高平人民
朝廷之民也元清封爲都統又
朝廷守土之臣也王遣兵吞
朝廷之土地戕
朝廷之人民逐
朝廷封爵之貢臣以春秋大義律之無地能爲王主臣寬者故

守邊藩王將軍提督一則請
旨發兵再則請
旨發兵而在廷會議咸曰問罪咸曰興師惟
皇上寬仁大德念王臣貢已久不忍加兵
宸衷獨斷特簡兩使臣附耳密囑奉
命宣諭期於委婉得達
上情不啚王諸臣鴛鷔無禮悖
旨不遵則亦大負

聖天子仁愛之盛心矣以此上聞
皇上自赫然震怒罪王之不仰體
聖意而在廷諸大臣又樂得遂其用武之初議使臣朝以入而
征討之令夕以下安南之禍有噬臍莫及者矣或者
大清兵力之强盛王未之知而安南承平日久生齒漸繁而用
兵毒害之禍王未之計也夫平西親王兵不下六十餘萬
定南將軍兵不下二十餘萬平南王兵不下三十餘萬各
督提鎮將之兵不在數内俱皆一以當十十以當百連年

海氛靖盡矣水西滇黔諸土苗不軌者蕩平掃除改土設
流矣西山殲滅無遺烏斯肉袒赴罪何堅不摧何敵不克
王獨未之聞乎諸藩將督提提百萬之師居無事之地處
不試之日惟安南界在肘腋間尚且無釁可乘欲上爲
朝廷立開疆闢土之功下爲士卒効奮臂一當之勇今王始焉
不請
命而搆兵旣焉具結撤兵而猶加戍守終焉奉
旨和解而尚悖逆不遵負大不韙之罪攖莫可敵之鋒強弓悍

馬健將驍卒三省同勒九道並進吾見安南一塊土終無
噍類耳貪高平久已棄捐之尺地而壞安南全盛之社稷
生民彼誤國諸臣之肉其堪食乎且元清竄居南寧金錢
糧糈費
朝廷幾六七萬矣
朝廷何私何利于元清而必欲納之耶總之諸侯失國托於諸
侯禮也納之正也況
天子爲天下之主而奉貢歸服之臣竄失乞哀而曾不一爲之

托命乎若謂王亦貢臣元清又係仇逆

朝廷必無加誅之事疑本部皆虛張夸大之言試思

朝廷已居元清内地又遣使臣宣諭和好王與諸臣竟傲慢不

顧驕蹇不奉法

朝廷其可漠焉已乎且終置元清於何地乎文德不喻而誓旅

興師不待智者而决之矣今王惟將高平地方界址及擄

掠投順員目人民細造簡明文册一簿付本部存掌王另

差的當官員前至高平俟本部入國一面具疏題報一面

押送元清赴高平交割明白以結王今日遵
旨之案肰彼本部歸
朝奏王復
命本章達王恭順美節
皇上自天顏喜動嘉王之順
天恭命而樂
睿裁之有感必孚自此以往格外
天恩更有未可涯量者若終悖戾違抗本部奉

命之日曾經請
旨茲惟拂衣而去既不能婉諭
上意歸
朝之日謝過不遑安敢代悖
旨者之妄爲狡辨也惟痛心疾首於交南之荼毒滅絕而已矣
區區之心寔仰體
皇上如天好生之意爲王宗社久遠之謀生靈保全之計幸王
熟察而行之

十六日共商黎氏擁虛名事皆决於輔國今揔有毋憂君
不與聞國事者朕我等正當專書諭之使之不得借口卸
罪捧
諭南來正值仁寿大故未得謀面深用歉朕其
詔書中事本擬貴國王與諸廷臣自有深議遠慮仰體
聖恩恪遵
天語也故雖稽延多日未便以達仁寿之耳乃諸議事者執固
舛謬以元清仇逆爲辭欲肆報復輒敢悖

旨自蹈不測豈仁孝在哀痛迫切之時而彼亦不爲之與聞耶

本部院昨已致書貴國王吳顛末不必贅瀆但思貴國王早

年踐位未專裁決而交南危而復安衰而復盛者皆仁孝

祖父子孫累世忠勤之力今者順逆從違之際即禍福存

亡之所倚伏非仁孝忍一日之情深百年之計吾恐議事

諸臣淺見寡識未有不敗乃事而誤國毒民者也夫貴國

事無巨細

皇上悉知之即仁孝匡翊幼主輔國任事握大權決大謀

皇上亦悉知之數年貢職克勤恪終臣節豈非仁寿所贊理耶
獨至此番悖
旨關係不細一觸
天怒定以爲黎王未經主事而又不知爲議事諸臣合謀之悞
經歸罪於當國老臣之一身池魚林木之嗿在仁寿更當
爲幾先之慮矣若彼時力以居喪守制爲辨徵論晚不及
事即兩使臣今日不直詞以通知仁寿不幾亦有不詳慎
之咎乎故諄切爲仁寿言之仁寿其上念黎王社稷禋祀

及令先祖恢復忠功既宜保世滋大中念貴宗爲安南望
族亦宜自保身名下念數百萬生靈性命更宜保全休養
稍寬哀忱出謀國是力勸貴國王遵奉
勅旨以迓
朝廷懽心本部院歸
朝之日以是上聞
皇上自深嘉仁寿之忠順此正銷患於未萌釀福於無盡移孝
作忠即大君九泉之靈亦且大慰而仁寿並免事後之累

矣萬惟留意是禱
十七日鄭檍具復內稱國王春秋漸長啓沃已素機務靡
不周知至逆孽莫元清事國王寔所傷痛大抵皆脫卸自
身之語而來目則稟復云承兩大人吩咐便當自行啓王
議妥回報

安南使事紀要卷之三

十八日黎王遣同存澤及諸官寺等詣館禀復正副使正言曲說多方譬曉大抵渠所辨論皆前二書中已剖明者該國于文法委曲不甚通悉故復强言執滯因更隨問解釋幾于竟日茲不贅畧述其餘據禀云莫氏本國臣子高平本國土地元清之祖忍心篡逆累世逋誅元清又生事加害今逃入內地反說許多言語傷誣本國

朝廷偏聽他話來取地方恐是不知此中情由諭云爾安南歷

代事情中國皆有書籍近來二家搆難兩廣雲南俱有奏
本
皇上那一些不知道但爾與莫氏既屢次講和則嘉靖年間舊
話就不必提起且元清投誠受封便是
朝廷臣子說不得是你的人憑你處治卽你王受了
冊封連安南國亦是
朝廷土地設或有人來侵奪
朝廷定當問罪此法禁所當然何獨高平置之不言我元不曾

說莫氏是甚好人只爾國之錯在不先
上本訴明緣故靜聽處分徑將元清趕出地方占據
朝廷不究你專擅之罪已經勾了如何謂之偏聽譬如有人在
我門下原要借我照庇今被别人無故打搶衣帽俱失我
不究他罷了至于衣帽必須賠還若說元清言語傷誣假
黎逆鄭之說原自可惡然俗語云相打沒好手相罵沒好
口又何足計較稟云莫氏歷世仇讐今方雪憾若又放他
還國王深恥無面目復對鄰國諭云爾之報復莫氏可謂

極矣今奉
勅旨爲爾解和爾正須將
勅旨頒示諸國云若不是
天朝勸諭我斷不令元清來歸此何等光顯如何反謂之可耻
禀云元清與我水火一般見不得面豈可復做一塊諭云
爾知黎莫如水火抑知天地間有水不可少火有火不可
少水乎以此知有黎斷不可少莫矣這水火二者天地少
一件不成世界人身少一件不得生活相近則相用相背

則爲害如使元清長在遠地越是你心腹之患要做一塊
方可放心稟云元清素行苛虐民不歸心本國取高平免
了差徭百姓方離湯火今若還他百姓又要受罪究竟逃
亡無益諭云爾國興兵深入元清遠竄彼民怕死自是降
爾若高平退還彼豈無故主之思元清喪敗若此亦何能
更虐百姓難道你到要元清行仁義收人心效勾踐之興
復反爲利于爾國乎稟云一國無兩王之理當日莫敬恭
原服屬本國故得兩全至元清抗逆受害多端前

册封勅書命國王奄有屬國元清不遵
勅旨是兩王了論云你既有這一段議論何故不于前歲請
旨處分乃擅自動兵是有理事反做得無理譬如你阮通事是
胡士楊的人忽然逃去投入王府一旦士楊于王府見你
還是就處治的是還是要啟奏王聽王吩咐的是若不啟
王徑行處治王必發怒且不究通事叛主之罪必先究士
楊專擅之罪矣今日這話非使臣所得與聞也禀云承劄
示諸王大臣將軍提督將欲興師國王見之痛楚何罪遂

致兵誅諭云智者之慮必雜于利害兩使臣上奉
朝廷下爲爾國社稷生靈計勢之所極寧忍隱默不爲盡言爾
國與中國不等小罪或可寬赦大罪惟加征討爾國本已
擅逐命臣儻更抗違
朝命體統安在不能屈一安南何以昭示萬國勢必至于用兵
只消滇雲兩廣十抽一二朝令夕至爾國虀粉矣萬一
皇上寬大不較爾過或亦有之但思元清究竟作何處置將殺
之耶將逐之耶將長畜之南寧耶非高平則無頓放處不

還高平斷無姑止之理譬如你欲怒責一人有翁茶過而
爲之討饒你不但不饒還要怒責不休彼翁茶肯遂隱忍
已乎朋友尚有情誼何況君臣之際爾等試思之羣蠻語
塞而退云當回啓國王再報
二十日黎王各復書一封摭拾蕪謬强爲條對并無退還
之意豈其辭窮難于措對耶惟另具公書一封畧云二大
人於
勅書旨意之外更加言之曲盡本國于此思所以遵

君命重使臣安元清之一策仰乞鈞旨許本國甘結領取元清
及其家屬回還擇使地處之錫之土田待以恩祿使彼安
生保其宗社彼之族屬亦蒙安養以昭
聖上生成之大德等語共商彝情已有機芽應以温諭答之云
捧讀來柬原其所以致武于高平之故及思所以遵
君命重使臣安元清之策未嘗不嘆王之恭敬仁愛初非有輕
忽
朝旨之意而必欲殄莫氏之遺之心也但本院部于元清何德於

貴國何怨而嘵嘵不置必欲盡言而不已耶誠以
勅書原令退還高平土地人民今雖擇地安插在王已不失爲
盛德而於
旨意則難於回復此所謂心已至而策未盡善也且高平原係
山僻小府不足介意今若不還徒使
廟堂之上邊圉之吏疑王之必欲得高平者不知何故則亦甚
不便也况元清之祖昔爲貴國所擒更無傍人爲之周旋
解勸爾時貴國尚且恕其罪還其土寬容之恩傳于口碑

今元清內竄而動
皇上之慈憫王誠一奉
恩諭卽行恪遵則逐之非無故而釋之亦有名在元清苟延
殘喘得回故土亦出萬幸安敢復快私忿仇惡人民而此
後之安生釋怨共享昇平固無俟王之過慮卽
朝廷亦未有不爲善後兩全之計者矣區區肝膈之言寔亶爲
人謀而不忠之訓兩回書殊失本旨姑不置論王其高舉
遠覽出於尋常識度之外一言而決徑將高平退還悉如

來東具結領元清家屬及宗族手下回還安養則恭敬之
心上聞而仁愛之德下播幸甚幸甚胡士楊等請先看書
旨許之既看則又請見强爭于是以諭帖中語面諭一番
稟云高平險陋不足安生叫他回去反不是
皇帝愛他好意故欲别以善地處之諭云
朝廷只要高平諭旨已定山岳難移爾國另安元清謂爲遵
旨其寔悖
旨如何復

命試問爾王有令爾朝官敢逆之乎又如你主人發銀錢付你
買一疋綿布你却買一疋麻布回來縱添了銀錢買得便
宜主人終是不喜高平莫説險陋就是刀山油鼎也憑他
到那裏自死自活若别處善地就是極樂世界非
朝廷旨意便把你黎都讓他他也不敢受我也不敢回稟云元
清歸日暴虐百姓百姓必來赴告本國加兵恐見責于
朝廷不加兵又可憐百姓受他陷害不如處之内地爲善諭云
這話使不得他害百姓百姓叛他也只看

朝廷如何處分你莫想今日要許他就立一個滅他的地步當
初黎季犛詐殺了陳天平後來國亡族滅不是兒戲的胡
士楊等語殊傲大意云回本寫得痛切淋漓
朝廷見之必且感動聽允甚可笑也既又云國王無二議副使
怒曰悞安南者士楊也宜先細打然後請
旨正法爲安南除此老賊正使云本院部復爾王書爾自應齋回
啓王何得預先執拗無禮爾拿得定爾國王畢竟無二議
乎既如此我的回書也不發了于是諸參官固請復書而

後出

二十二日黎王復書至果如胡士揚等語仍將前本付求帶進并求帶莫元清與光澤王誓書即嚴飭通事速備夫馬于是陞堂公座發牌註于二十四日啓行付同存澤存澤等懼不敢違過江啓王

二十四日兩日間正副使極怒潘兼全胡士揚全等求見不許命取其頭來全等急欲見而不得入乃托前站官傳一稟帖云適來奉聞深責等詞欝〻于懷有所未伸且議

論往來求其至當而後行語言之間何足介意惟望二位
大人于紫電清霜之下有春風和氣之温待以和平假以
辭色用中參斷擇可施行傳囑全等得以回啓國王付下
耆臣會議事底于行上可以廣
天皇帝生成之大德本國得以蒙惠澤元凊不失爲安其生則
二位大人之功之德所及者廣矣對前站官裂之曰是老
賊欲來市功耶偏不許同存澤禀見不允再四懇請而後
許見禀云

朝廷恩典二天使遠來本國已無不遵奉今又不收覆本便發

牌行我焉能担得起諭云本院部祇知

上諭不敢違豈是與莫元清有親有故得他賄賂想他謝禮就

是做人情我豈不願結識爾王如何反去奉承元清只是

復不得

命你便堆金如山來買我刀鋸鼎鑊來駭我叫我帶這本與其

受

朝廷典刑不如聽爾國分張若給我夫馬我便入關如不給我

夫馬我亦隨你殺之亦可留之亦可放在海邊去如蘇武
十九年亦無不可稟云小國何敢如此只是要留二大人
議得停當方可起身諭云停當不停當我只知道還高平
土地人民七字無有別說稟云高平累代叛逆本國費了
多少錢糧傷了多少性命再取不得今日他衆叛親離本
國不勞成功亦是
天意該亡他今若還他高平是違天意了諭云
天何言哉天說欲亡元清你曾聽見否有何憑據到是

皇上乃天之子也天之子毅你還高平確有憑據天子之意如此則天意可知矣存澤等無語但云更須啓王不敢擅自遣牌交人屢次懇禀本國有三大王祠往例

欽使都有致祭乞發價以便行事傳諭云爾國淫祠吾亦不較但歷受爾國血食自當陰行護祐今爾國抗逆若此將來受禍不小我等十分悲憫極力救援不來彼神不一相助尚有何面目復受我祭耶必不得已直待彼神默牖爾國格心向化遵奉

勑旨之後我自不惜小費卽神亦受之無媿矣

二十五日黎王具復内稱祖宗土地今已收復更以與他

何耻如之所以不忍還者職此之故玆請于高平府石林

一州安置等語于是具書覆之本院部延住公舘盡四十日

疲費心力杳無成效言念

皇命坐臥靡寧故于二十二日遣牌入關擇于二十四日起馬

回

朝不意貴國多方齟齬留牌不發夫馬不給更將不情之語日

來相強令又過期矣意王定有超卓之見翻然改悟信納
區區之言以成無咎之譽及展來翰乃僅以石林一州安
養元淸至于高平全土未便與還此殆貴國朝臣盡心極
慮誑糜
天朝之術與前此擇地安插之計一而已矣毋乃太相欺乎本
院部奉
命而來祇知有退還高平土地人民之
旨不知其他若高平尺地不退一民不返均謂之悖

旨無論貴國難於措詞卽本院部
陛見何以置對出使無和解之功而復
命先受悖旨之罰可乎不可乎且王謂既收復而更以與他何
耻如之夫國家之可耻者爲其見棄於上國之可耻也爲
其凌虐乎隣小之可耻也爲其失計於目前而遺患於事
後貪戀於微芒而顛蹶於重遠之可耻也未聞奉
天子之命釋困弱之夫廣能容之德意欽無窮之福祉反爲可
耻也總之

勅書已定非我等所能增減且奉

命後曾經請

旨裁示尤不敢别生意解爲今之計止有二端還則俱還此中

無容擬議不還則竟不還本部院豈能相强若多一番轉折

在使臣不過多一番議論而貴國多一番支吾即多一番

抗逆故奉

命而不周與不奉同不若全而奉之之爲得也且奉之於議論

反覆之後又不若奉之於乗慨獨斷之先之爲盡善也王

誠毅朕許可一言決策使
朝廷知王奉
命之周且如是其速也其恩被寧有涯哉稽延多日夙夜難安
竚候回音以便啓行幸諒幸諒仍面諭彝官云
天朝不是與你做交易如何添一斤剝一兩你要做情就要做
得爽快譬如邀人飲宴正當時候杯酒碗肉喫得快活如
或只管坐只管催直待日夕人倦就是殺猪宰羊人也不
感激了前日你國進貢

朝廷格外優禮原是留一情在你面上你亦當酧報纔是乃反

意

朝廷愛我必不害我這等作難眞是蠻子不宜好幸而莫元淸

還是忠寔人若是好巧的將

勅印藏了云是你國搶去今日

朝廷來取你將何以應之你而今不要說還了高平便是輸了

這盤棋子莫元淸喪敗若此他郎回來善守不善守尚未

可卜今日勸你且還他一個車諒也不是對手如何這樣

執着已又呼通事進前諭云我們成功亦無甚大賞不成
功亦無甚大罪好歹與我有甚相干到爲爾國謀治安之
策故如此絮絮叨叨假如别個只要了他事不顧你的利
害生死你既强他帶本他便帶去及進闗時對你等狡毀
只將你不遵
旨奏聞你其如之何只是觸
朝廷之怒發兵掃蕩可憐你國了我二人怎害得這天理你可
細細囘去説知通事俱變色相視而去

二十七日黎王柬復以高平府上琅下琅廣淵三州安置元清其石林一州仍屬本國等語正副使看畢亦笑亦怒而又笑不得怒不得笑則恐其示喜於交人怒則恐阻漸化之志也不意蠻人之能令人動心忍性如此前在南寧時命元清造報地方人民印冊轉移前來以便查取迄今杳無影響止據

勅書中退還高平語而高平所屬亦復茫然因密自采訪始知止此四州然猶未知果否故爲恫疑恐喝使蠻人自吐時

胡士楊復求見許之諭云你王退還三州我不管你三州
五州只是高平所屬地方你少他一尺一寸不得本部院若
奉
旨來會勘這前件可以便宜行事則緣情增損亦自不妨今
旨意如此誰敢以功名性命代爾王任罪耶士楊猶未帖服正
使云少一點地方卽難復
命究竟與全不退還是一樣的就是沐猴也當醒了何爾國之
愚也楊等始陳國王有後命自是退還高平四州地但只

慮元清歸後仗

天朝勢更來尋害耳於是作書荅之

奉讀華翰并聆來官傳致王意知王所以委曲遵

旨經國遠謀固不在乎區區尺寸之土與徯望之民所慮者元

清妄言生事恐歸家後舊病復作耳本部院奉

命之日已將此事滿盤打算深悉

皇上好生德意定有內外邊疆久遠之圖斷不令元清更生釁

端自爲禍始今本部院回邑亦必宣布

皇恩俾之貼然守分并將貴國容忍至情諄諭元清彼安能漠

不聽耶至於回

奏本稿及交割人民並事後行止次第已對來官商確不必更生疑慮也敬復仍諭云原擄掠人民現在高平者聽元清歸日管理至在交州者須一一查出付本部院驗明發回稟云前亦擄有幾人當行放還此地並無一人諭云爾安南國不是少人所在留他幾人不中用至于莫元清親戚纔是不穩便放他回去父母妻子團圓一處亦是恩德況又

奉過
聖旨已後查出一人來亦是不好稟云本國不敢欺天使寔寔
無一人若查出來認罪就是了

安南使事紀要卷之四

三月初二日潘兼全等齎本披閱劉龔舊說反復支蔓歷叙鄭氏勤勞世績而退還土地人民絕未說明正使大怒當即擲還改正乃語副使傅指覆本格式甚悉全等愚執不解但云已寓意于遵

旨二字中傳諭云寓意二字可以對颺

天子乎乃批其東尾云細閱來東滿口蠻涎次序顛倒本院部何以復

命今命爾改正爾復多方抗違眞可謂不畏三尺者矣可速將
高平地方界至及人民遣留並行文撤回戍兵亟諭高平
頭目靜聽元凊安插管理等事詳悉寫明
初三日早起共商此事已成只復本關係
國體其中無謬甚多萬一蠻人終迷不悟無當
聖心則前功盡隳若得删芟二三稍不碍眼亦足矣然非致意
于鄭檍未易破全等奸頑也大抵彼國以能抗言爭勝者
爲功而又遣左右密人隨桑官出入監督故桑官不顧義

禮是非憑臆強言或時嘻笑以示無恐葢亦欲使左右人報聞于國王輔政以爲克盡其職每有詞窮理屈未嘗不自知其非而寔不能自已者于是作書諭鄭檍云昨接覆疏展閱竟與初次本章無甚改異當以愚忱草示大畧命朝官潘兼全胡士楊抄錄呈閱再爲增減而二人堅執不肯抵夜本院部細思王及仁壽已慨然將高平土地人民遵旨退還矣復命本章何難婉辭恭順而必欲如是嘵嘵齟齬耶奉

旨退還高平土地而疏中無退還土地字樣奉
旨退還高平人民而疏中無退還人民字樣此以之欺三尺童
子猶且不可况以之欺
天子愚弄
天朝之使臣乎胡士楊曰已寓意遵
旨二字中夫臣子之於
君父顯白表暴猶慮精誠之不足以上達而謂寓意云然無將
之義二心之懐可不慎與卽仁孝輔翼忠勤

中朝與貴國誰人不知而疏中反覆勦襲累說數次在貴國

言之謂黎王表仁孝之功忠而自

朝廷視之則爲執筆者之媚權臣是名爲揚仁孝之美而寔以誤仁孝之名此于仁孝尤大不便故本部院昨改數語大意包括已盡而胡士楊皆付之不見不聞只欲强將原本寫來夫高平土地人民既退還本之善與不善何關本部院但詞意支吾隔閡瑣細嘵叨本部院見之猶廢然疑况上陳

御覽寧有懽然色喜者乎是則以諸臣悖謬之膚辭掩王與仁

孝恪遵之美意本院部從何婉達王與仁孝恭順之節時保
之誠耶大抵胡士楊潘兼全二人欲於貴國中恃材見長
弄技倆侮文法不顧國之大事後來濟與不濟耳貴國素
稱淳秀好學豈無老成典型仁孝可啓知黎王務婉辭將
意其退還高平土地人民八字須照前諭士楊札中一一
敷叙明白勿聽讒慝之口致失相關之意若必不改換本
章雖寔有遵
旨之意而顯示驕蹇之迹倘後籲

天不應勿謂本部院謀之不忠而言之不盡也　傳裴廷員吳珪
示以大指屬令齎去頃之兼全等更捧本章并黎王柬復
閱之支蔓依舊惟高平退還如
旨而人民則惟來柬中有云四州投降人民并所得兵丁悉已
遣還各州一無拘留其接近都城各縣社人民自彼祖父
并彼身竄居高平地方各自乞骸骨歸鄉當斥令本章仍
改正附入來柬數語尋思要荒無文士楊等執滯卽與檍
書檍亦不文復爲士楊等所持于是取包荒用小人之義

知寺人鄧進朝乃鄭氏膢黎王者傳入面諭云爾國既已
退還土地人民這覆本就帶去何妨但于爾國有不便者
爾只因莫元清惡口造爲逆鄭之說故若若將鄭氏歷代
詳寫把正經處丢空了你這些文官只說是奉承討好全
不曉得反是書一个王莽董卓圖形只好行去外夷駭不
知大義之人如何令
天朝皇帝看得又戍守高平及臣服莫氏分封諒山元清誓書
等語皆有破綻爾等不知我今日不說後來

聖怒不測反行查究豈不是胡士楊等將你國王輔政陷了況
朝廷勑書原未說起你如何自家報出來把罪名戴在頭上必
不得已用鄭槐一名猶可恕也其餘俱宜删改爾當速去
說知進朝郎囘士楊等尚欲强爭聞進朝過江亦急去初
四日烈風乘海潮不能渡聞其夜富良江覆溺數舟初五
日黎王封齎復
命本章另具文移閲之較前稍爲簡淨正使猶未滿欲斥還之
副使云渠旣奉

旨退還人土已筭輸了卽將舊恨畧訴幾句亦自不妨于是乃

止鄧進朝等進復云國王及輔政三日前尚疑天使是衛

固莫元淸的及承吩咐而今纔知道是衛固我安南國的

兩大人這樣好心我國王及輔政眞是感激不盡要請問

兩位大人在

北京住居何處求寫一地名俟後

進貢來好着人問候諭云莫元淸已壞故不得不救他你好

好一個安南國何忍不衛固等你做壞了這元是

朝廷意思非我等私心如以十分論爲莫元清止是一分爲我邊方土司恐妨興兵勞役是二分而爲你安南國到是七分安南無事内外俱安共享太平豈不是好至於我二人是四川湖廣人在都門邸寓遷移不常你只問四彝館少卿及會伴官自然知之矣是日具文移兩廣總督廣西廵撫將軍提督先行題報并安插元清事宜

初六日黎王送禮物收其刀鎗二件餘璧之

初九日復送至懇求收允之前奉
命時曾
傳諭云安南送的東西爾等只管收不必過辭今故不敢再辭
也鄭檍仍以前銀絹布至求收再三亦允之發祭物付通
事令祭彼國三祠每日訓諭該國凡事靜聽毋得先發生
事日晚接黎王書大意云送元清時當預先飛報本國以
便傳知上兵解釋又云元清歸家宜臣屬守分無爲苛虐
卽共諭云俟至南關酌行回報

十一日起行　同存澤等途間屢呈詩求正

十九日進關前後共計七十日甫入昭德堂公座同存澤

等送進拜辭取守備甘結大雨驟至霆電交作風簷漏瓦

中張蓋徙椅與存澤等語亟囑聽

旨毋輙生事爲要仍傍及詩文存澤等有留連不忍去之意甫

稍徹愴然而别復黎王書准接來東其元清至關乞飛報

本國以便傳諭上兵解釋及諭元清勿爲苟處庶免禍始

等語具見貴國遵

旨寔意本院部入關自當移商督撫將軍提督預行確報但臣屬
本國之說未經奉
旨非本院部所敢與聞且貴國復
命疏尾稱有容後專差陪臣赴
闕籲恩之語理應靜聽後來
旨意定奪切勿借口生事更蹈前非關係匪輕慎之慎之
四月十一日正使至南寧馬提督治酒迎于郊外馬云老
先生才辨使南人帖服疆場無事即本提督亦受福庇矣

正使云若不是

聖天子宏福大將軍威風莫說我二書生便蘇秦張儀亦自費

手但爲後日遠慮只要莫元淸不生事便好馬云莫元淸

如此光景安敢再行生事正使云我今不愁安南生事正

愁莫元淸生事何也莫元淸以彈丸小府不自量力年年

用兵口口是罵故黎氏積恨必欲置之于死此貴提督前

所悉者今當國破身逃正是悔過自新之時乃前具呈貴

提督轉移本院其中極口大罵以黎王爲假以鄭氏爲逆

高平之外還要取七源太原諒山等府州取地之外還要
將鄭栋父子正法等語甚爲可笑可駭他兩家正爭鬬便
多説幾句多罵幾句猶自不妨今奉
旨差官往爲遊説理宜閉口無言使我等容易措詞何得周章
更甚耶幸而公事勾當進關後方接此文若是出關來交
人一定透漏那時卽仗
朝廷威靈二使臣自然無恙然彼國執此狡辨不從我其如之
何其悞大事傷

國體正在此一紙書矣又况殊方異類原自叵測我二人執節
凡事不無威重萬一以追帝制之陸賈錯認爲詎齊之酈
食其則是我二人不死于辱
命而死于元清之手矣觀其這等伎倆死活不知所以我説正
愁元清生事者也最可嫌者我等方從安南來不便將這
話與元清説反似受了黎家賄賂回來問他不是了馬云
本提督雖發文書不令出關者卽此故也前已向他誡諭
一番矣容當更諄囑之

十五日同至提督公館文武官皆至莫元淸進叩見免拜

稟謝云蒙二大人宣布

朝廷德意取還高平子子孫孫感戴不忘諭云我兩人費了許

多口舌方纔取得這塊地方想督撫列位大人不久卽有

信來送你回去但你喪敗之後全要安分小心莫說

朝廷護你你便又胆大生事起來你已前破敗全是你自家惹

出來的若復如此

朝廷特恩恐不能再得稟云大人教誨敢不聽從只是高平雖

取還有保樂一州及小總小社未曾取明地方小了恐安
不得生諭云你當初報文轉
奏時止有高平名色故
勅書中亦僅有將高平土地人民退還語前過南寧時囑你速
造印册轉來以便查取自本院部離南寧往返迄進關共一
百一十日不見印册消息將何憑跟究不得已止據
勅書再加體訪始知是四州你于今忽添出一州來又不是高
平所屬此非本院部之過也我且問你前日進關時接得提

督移文據爾呈説前一段云石林廣淵保樂二州此明係
三州何以云二州後一段上琅下琅二州其後總數又止
云四州若保樂在内則明係五州何以止云四州此中必
有情弊本院部亦不責備若十分責備似乎又受了黎家賄
賂賣了你一州矣稟云前報文時保樂尚未失故未敘及
今還望大人作主清理出來諭云本院部在交阯若有失單
憑據莫説此一州再有幾州少不得多費一日工夫亦要
取來前奉

命而往今遵
旨而歸何能再作計較如果是康熙六年新失地方你要辨論
　亦須向地方官控訴另行請
旨至小總小社亦因無憑據不便細查俟明日差官送你囘日
着令踏看清楚
十六日正使行　副使病寒嗽暫留
廿二日副使亦行莫元清仍持黄金十兩獻副使云汝送
李大人李大人收否禀云并不曾送副使正色斥還之

雜記

交阯之地卽安南卽交州卽日南西北自交岡來故曰交阯東北界廣西東界廣東西界雲南西南界老撾卽古哀牢南揷入大海中通占城秦漢時皆郡縣也黎氏王國在富良江西後三峯山左安子山右傘圓山揷入雲霄富良江左右纏抱前入大海亦南荒一都會也所屬有十三道五十二府二百一十九州縣都統莫氏惟高平一府四州在北隅之東俱無城郭其人被髮以香蠟梳之故不散跣

足足無塵坋以地皆淨沙也男女衣皆大領無分别無帬褌女有無摺圍帬其王與官或時冠帶韡韈然非其好也稱其貴人曰翁茶翁茶者大官也其牛羊猪燒去毛卽割而食之只有燒酒時刻喫檳榔惟睡夢方停嚼耳每用藥物塗其齒黑而有光見人齒白者反笑之惟王宮用黄瓦官民不敢用瓦以草苫楹棟以竹房檐高四尺許門高不過三尺俛首折腰乃得出入卽王殿檐高不過丈許其屋外多種刺竹甘蕉椰子諸樹其果四時生長無定其氣候

常煖其土産惟稻無二麥有布最纖輕有蠶桑綿紬曰交兊素絹如畫絹濶二尺多榕樹甘橘有波羅密果如南瓜味微甜中有子如刀豆子皆可食其象牙香藥綿花胡椒茴香醬醋等物皆自外來者無桌椅特爲使臣造二公座甚高大其宴桌圓彩金漆高可尺許舩似花瓣其文字與中土同另作數十字多加土傍與使臣往復文書不用也臨賀公館在富良江之東去國二十里許以竹爲墻每天使至一次則加竹一重其風俗婬蕩無耻洗浴便溺男女

裸體往來坐立不相迴避雖貴家亦然其豪家稍有床褥平民則無貴者以綢爲兜兩人擡之大貴者有轎似車上轎盤脚坐或用八人四人擡之最可笑者其王傘扇轎夫全體俱露止用一股青布纏腰從尻下纍勒至臍雖寒天不着寸衣又皆形狀肥寔名曰好漢閒多係殺人援赦者其兵止穿大袖青衣一件或二件天暑即裸并無甲冑其器械尚銳藤牌鎗刀諸物頗精于飾以之大用殆不足也頗讀書知文字而好怪異無傳授不甚貫通尚巫鬼不奉

二氏之教以能强言者爲功故根有四字批評曰愚曰疑
曰詐曰慠愚則不認理疑則不信人言詐則其言不可信
慠則自謂無罪也此四字如銅墻鐵壁牢不可破今幸邀
成
命而返者在筆墨唇舌不無勞費要之皆
聖天子弘福
廟堂勝算各邊臣措置威風有以讋之使不得不聽從耳

紀異

聞黎王殿壁後有二泉正月前二龍起水湧丈餘宮人驚奔交南地無冬氣南寧以上卽炎蒸難受矣使臣在道每

默禱

皇上好生鬼神効靈倘得天氣清凉數十日茲事濟矣果于初八日出關後皆東北風寒氣逼人十九日晨雨雪爲千古異事且未有雨日不陰雨者三月初尚着羊裘及十九日進關二十二日底明江至四月初二日登舟方得夏令眞

奇遇也底公館日有陰雨從人頗以開讀爲憂根云開讀
勅書自然清爽恰于二十九日果晴明竟日及回館漏下二鼓
坐定卽復大雨
二十八日夜根夢大街中有高土墻二重横截不通以兩
手排之應力崩塌及次日捧
勅至黎王府東候王出門迎接自辰至未與副使盡力開導乃
克如儀及至殿開讀後行賓主交拜禮王已許之行之復
訛兩使臣必欲更改命通事往來開諭而王後有老臣爭

執不聽硬自主張不復關白黎王王無如何也根怒將查
問何官何名及把持狀南出口而老臣者忽暈倒在地矣
急拽出他官僚方請會典啓王遵依行禮
正月即有雷而往往在交人執拗使臣嗔怒之時風捲霆
擊忽起忽止想鬼神呵護
聖德無疆誠恐逆天者之自作孽耳

欽命安南　舟中同紀
正使内秘書院侍讀加正一品服色今陞國子監祭酒遂寧李仙根
副使兵部職方清吏司主事加正一品服色黄陂楊兆傑

安南使事紀要　卷之四　十六

康熙八年己酉秋月

安南使事紀要終

新嘉坡風土記

新嘉坡風土記

一卷

〔清〕李鐘珏　撰

清光緒二十一年長沙使院刻本

新嘉坡風土記

光緒乙未仲夏
刊於長沙使院

新嘉坡風土記敘言

光緒二年丙子六月鍾珏始游京師識青浦席淦翰伯因翰伯識元和汪鳳池藥階鳳藻芝房昆仲暨漢軍左秉隆子興藥階以乙亥舉人供職內翰三子者皆外省同文館生學成

上貢充總署天文館副教習時鍾珏寓居崇文門內晨夕過從親若骨肉閱三月束裝南歸臨歧握別情各難遣僉謂聚散不常嘉會難再盍效世俗通譜之誼以爲他日左劵於是翰伯齒最長藥階次之子興芝房又次之鍾珏最後蓋衣帶束帛之贈古人有不能已者朋友以齒相敘比於兄弟之倫事雖非古其情均也越二年戊寅子興以奉使英法大臣

奏調出洋充繙譯官旋任新嘉坡領事壬午芝房舉京兆第

二明年癸未入詞林翰伯藥階亦已晉級獨鍾玨伦傺如故每以青雲難致㝡朋相見無期用懷嘶憤丙戌以優貢北上蓂應　廷試獲與翰伯藥階芝房重話舊好中酒輒言曰今日歡樂不減疇昔顧安得飛身天南復與子輿把臂乎八月出都家居無憀時動南游之念請於吾母曰可十二月航海至粵先以書達子輿約來歲二月赴新嘉坡丁亥正月杪至香港得吾母病耗折而歸疾已痊可居一月母將成子之志促裝戒行三月中旬重至粵東游澳門旬日四月下旬始门香港乘輪船南發行九日而至蓋後四月朔也昔張敏與高惠友每相思不能得見敏於夢中往尋但行至半途卽迷不知路故沈約詩曰夢中不識路何以慰相思今鍾玨一歲之

中南北萬餘里外尋舊盟敦夙好十年之思一旦盡慰以視張敏其樂何如蓋夢虛境也游實跡也虛者之不若實天下事大抵然矣既與子與見下榻公署談論不輟如班尹之永夕並乘遨游如郭李之同舟視昨歲京中與翰伯諸子歡樂不更有加耶居帀月雜記風土若干則錄而存之以誌鴻爪敍其緣起如此亦以見斯游之非偶焉爾上海李鍾珏

新嘉坡風土記

自暹羅直南伸如舌長如股中有山如脊斗入於海皆巫來由種人居之西人統名之曰下暹羅其國有十曰斜仔曰大坤曰宋卡曰大年曰吉連丹曰丁噶奴曰彭亨曰柔佛在山之東曰吉德曰沙剌我在山之西地至柔佛盡處緰谺一水隔二三里而得一島西以蘇門答臘爲蔽南以爪亞爲屏東以婆羅洲爲障四面環水如驪龍頷下珠即英人所謂新嘉坡也舊名息力又稱呫叻華人或稱新州府其地南距赤道三百零四里

自香港乘輪船指西南行計程三千四百七十七里至越南之西貢自西貢指南偏西行二千四百二十一里至新嘉坡

風順六日可到風逆或至七八日如灣泊瓊州西貢各口又需時日

攷之古册斜仔以下皆頓遜地其後析爲列國而柔佛處極南叻地屬焉然百年前榛莽未啟一荒島耳華人之懋遷南洋者旣乏問津卽歐洲諸邦如荷蘭如葡萄牙爭據羣島亦未暇意及此嘉慶二十三年英人名士淡不公者始得之以爲海道四達之區上於政府伐木開道遂設商埠是爲開闢新嘉坡之祖西人嘗鑄銅像以誌勿諼

全坡之地南北十四英里得中國四十六里有差東西二十七英里得中國八十九里有差中有河自東達西劃分南北居人名其北曰小坡南曰大坡

蘇門答臘爪亞婆羅洲一島迴爲屏蔽皆在數百里千餘里外對坡一島綿亙東西東曰廖嶼西曰吉德門天然近障也吉德門十餘小島若斷若續直與坡接窄處不過數丈寬處不及一里輪船自西南來者從此入其東自柔佛之羅漢嶼與廖嶼之馬案山相對處中間海道濶十里而羅漢嶼如髻如拳錯列海中下有礁石舟不能近論其形勢兜裹層層南洋各島皆不能及

海口炮台西南二座俱在山顛最得形勢其東一座在羅漢嶼西二十里椰林中平地高四五尺台面細草茸茸自海中閒望倉卒不可辨認是處海面不及三里

居民冊籍約分五種曰中國曰歐羅巴統英法俄德各國曰

巫來由統南洋各島國曰亞墨利加統南北花旗各國曰東方諸國統五印度以上諸小國及緬甸暹羅等國五種人數以中國爲最多其次巫來由

華人住坡戶口最難詳壔查光緒七年英人所刊戶口冊云福建男女二萬四千九百八十一人廣州一萬四千八百五十三人潮州二萬二千六百四十四人嘉應州六千一百七十八人瓊州八千三百十九人三州府生長之華人九千五百二十七人不列籍之華人二百七十二名統計八萬六千六十六人近五六年來雖少有參差總在八九萬之閒而歷來居叻游叻者動稱十餘萬皆約略之詞雖西人所報未必盡壔不列籍者不止此數然總不過十萬人

巫來由人通謂之土人有書作穆拉油者閩廣人讀無爲莫之去聲故巫亦讀穆其自印度一帶來者謂之吉靈人又有波斯一帶者謂之齊智人土人有黑有白吉靈齊智俱膚黝如墨其以布蔽下體不衫不袴三種人大略相同

巫來由柔佛國王都城在坡北岸一衣帶水相望可接坡中有行宮時往來其間其民之在坡者皆貧無生計西人役以工作幾若牛馬華人亦有用之服役者

叻西北三百餘里柔佛之上沙刺我之下有埠曰麻六甲本暹羅屬國葡與荷嘗迭據之道光初歸於英麻六甲西北九百里海中有島曰檳榔嶼亦屬英兩處華人共十餘萬英設總督於叻統轄三埠（按英人以此三埠統言之曰三州府）

駐叻英官總督而下曰輔政使司曰按察司曰參政司曰正副經歷司曰戶口司曰庫務司曰地理司曰營造司曰巡理府曰護衛司曰船頭官巡理有三堂分理坡中各案件略別大小輕重護衛司專管華人一切事名爲護衛華人實則事事以華人爲難

英國駐叻軍額計英炮手一隊二百四十八人外兵總六員修理軍械匠十八人步兵一隊八百九十三人又印度炮隊并修理軍械匠共二百七十五人管理炮隊糧道官二員炮隊繙師一名營醫十四名統共一千三百五十七人較香港少三百五十七人其水師兵船則游泊無定云

兵房二處一在升旗山一在公家花園對面山坡上平時不

見一人逢操演齊出至臨海地方操中

各國駐坡領事中國外曰美曰德曰俄曰法曰奧曰意大利曰丹曰荷蘭曰葡萄牙曰西班牙曰巴西曰比利時曰哈華丑曰暹羅曰瑞典那威二國幷一領事共十有六

中國領事之設始於光緒三年郭侍郎使西過叻體察情形奏請設南洋總領事兼新嘉坡領事官經總署議以總領事事宜姑緩籌辦准設新嘉坡領事一員隨員一員初設領事時議以華人戶口年貌身格費及船牌費抵俸薪各項後戶口身格費未行船牌費不足抵用光緒五年始定倣照出使美國日本章程領事隨員俸薪由出使經費內支給而船牌費仍收取抵用查船牌費每重一噸收洋四占半

合銀三分有奇此項歲入不過數百金僅抵一月經費而船戶涉險犯難獲利無多似當議除以示體卹

泰西各國凡屬通商埠頭他國領事不預聽斷之權而洋人之在中國不然如上海租界所設公廨華洋會審已非西例西官又好攬事權必欲華官仰其鼻息志士憤焉駐叻各國領事概從西例不預審斷而華人生聚既繁事端日出亦有領事可辦之件皆為護衛司侵奪動多掣肘故除給發船牌外惟勸興義學講　聖諭開文會以行教化而已

居民犯事統歸巡理府審斷輕者判罰重者監禁監在西南山坡上周以垣墉巡差負槍晝夜邏察查西歷上年底止獄中重罪經臬司判禁一年以上者華人共存四百八十三名

巫來由人七十五名吉靈人四十三名其所犯輕罪經巡理府判以罰欵或不能完繳以監禁抵銷者一年之中華人入監共二千八百九十人此中期滿出獄者二千六百七十九人入獄後具貲贖出者一百五人巫來由人一年共入一百九十七人吉靈共入一百八十八人獄中寬敞潔淨每犯日食兩餐葷素菜各一肴雖曰拘禁實則徜徉自在勝於在外作苦故犯事人往往不願納鍰甘住獄近西官察知其弊議裁葷菜云

叻自開埠以來進出口各項貨物一概免稅惟煙酒重征由華商設立公司包納煙公司月包稅八萬六千元酒公司二萬一千元二項爲入欵大宗地租估屋值十取一其他抽捐

名目尚多惟皆不苛取

西人每至年終預將來歲一年進出欵目核議登諸日報是亦量入爲出之道查本年叻中進欵應有三百六十七萬元出款三百六十三萬五千四百四十四元舉此可得歷年進出款大略　又按檳榔嶼上年入賦稅一百二十一萬六千六百八十八元支款九十七萬七千五百二十九元計餘存二十三萬九千一百五十九元

坡中用錢不用銀用洋錢不用中國制錢自一錁至一元凡四等最小爲錁合制錢二文五六毫四錁爲一占又名先士十占爲一角十角爲一元角與元以銀爲之錁與占以紅銅爲之

通用之一元洋錢鑄自日本輕重與英洋同英洋光者可用然甚少其一二角之小洋錢皆倫敦及香港所鑄占鏍銅餅則港與坡並鑄之

叻地商務以胡椒甘蜜爲大宗歲必售銷數千萬元然皆出自他島叻蓋聚貨不產貨者也叨所出者惟榴連檳榔椰實波羅杧果山竹波羅密甘蔗洋桃香蕉生薑等果食有人參果者形如龍眼味若雞心柿名最稱美品

胡椒始種於印度之錫蘭運往歐洲西人以製油佐食既而蘇門答臘亦種之今則南洋大小各島無不種植而運售皆在叻地商人設公局以主之

甘蜜樹高與人齊其葉長三寸兩端銳中寬寸餘採而搗之

其漿成蜜甘與蜂蜜相埒歐洲各藥中多用之銷行甚廣與胡椒二項同一公局主其事者由華商公舉經柔佛國王諭充

自柔佛以上各國港口繁多俱產椒蜜華人之散處各港者實數十萬大都占地爲園雇工種樹名曰園主每一港推園之最大者爲港主叻中富商設號各港以收椒蜜如中國花米絲茶等項坐莊者然

潮商多業椒蜜閩商以各項海貨及往來各埠之輪船爲宗資本俱鉅他商不能及

各貨價月漲落不定擇其大者記之以備留心商務者參攷

烏椒每担二十一元白椒四十一元甘密四等自十一元至

六元上甲錫每担三十八元乳紅白十有四種自九十元至十七元牛皮八種自十七元至十元籐七種自七元至三元椰肉六種自四元至三元犀角三等每斤自四十元至二十六元魚脂每担一百二十元白魚翅三等每担一百一十元至四十三元烏魚翅三等三十九元至十五元海參二十餘種自六十元至四五元玳瑁七等自一千元至一百六十元白燕每斤十七八元毛燕上每担三百二十元毛燕中一百八十元其他雜貨不載

叻中華人最多亦最富有擁貲稱千萬者有數百萬者若十萬八萬之戶但云小康不足齒於富人也然究其發跡多在三四十年前近則鮮有暴富者矣

土人最貧吉靈人亦鮮充裕惟齊智及阿刺伯人不少殷實
齊智人專以放債爲生重利盤剝如中國印子錢之類華商
資本缺乏或向告貸一時濟急久則剝膚時有涉訟不了者
居民生死每月有冊刋報查西歷二月冊載居民生育男女
一百五十七死三百五十三月生二百一死五百十六四月
生二百十五死五百二十五五月生一百九十五死五百三
十二觀此亦可參知民數矣
生死報冊俱有限生育者三禮拜內不報查出罰洋五元死
者逾一晝夜二十四點鐘不報卽議重罰蓋恐有別故隱匿
故特重其罰也
在坡生長之華人一經報冊卽隷英籍其質性良者恆諱而

不言桀者且以自大入耶穌教者尤甚竟有父子不相能如陌路者風俗人心之壞不待言已

年來賑捐防捐富商樂輸巨欵核奬得虛銜封典者比比其門前牓大夫第中憲第朝議第一如內地至頂戴冠服則惟歲首及婚嫁用之尋常酬應往來或穿單長衣一領已不多覯居恆短衣跣足坦率習慣冠履忽華忽洋出門必戴帽或洋帽或巫來由人帽戴中國小帽者甚少惟御長衣必戴小帽雖甚熱不露頂亦風俗使然也

閩人髮辮俱用紅線爲綹雖老不改亦其風俗使然故見紅辮者望而知爲漳泉二府人也

土人所操巫來由語通行南洋各島華人久居坡中及在坡

生長者無不習之又多習英語同儕往來時而巫語時而英語時而閩廣土語他省初到人往往對之如木偶

久居叻之華人多娶土人女爲室其裝飾與安南女子略同窄袖寬衣其長沒足因而所生之女亦從土裝聞閩人潮人家中竟無一漢裝婦女者不若男子尚有一辮存其本眞也

閩廣士子在叻授徒者頗不乏人叻中子弟讀書圖回籍考試者亦不少然叻地無書又無明師友切磋琢磨大都專務制藝而所習亦非上中乘文字近年領事官倡立文社制藝外兼課策論稍稍有文風矣

地近赤道有熱無寒然熱不過八十度廣厦深居時有涼風習習此候擬之江南在梅子黃時枇杷熟後惟日中行路則

杲杲之勢甚於內地炎歊彼工作負販挽車輩日必沖涼數次或有身塗土人所製一種油以避烈日者幸時晴時雨且多樹木故少觸熱路斃之人

沖涼之法自首至足以水瀆濯如醍醐灌頂透入心中立解煩熱久居此地者日必一二次亦習慣使然非是不適初到者往往不敢輕試然當日中行路後亦不可不一沖也

坡中時有風而無颶風時有雨而無淫雨卯初日出酉末日入終歲不改日中則熱夜分則涼四時皆然居民單衣一領若將終身故甚利窮人

西人之記晴雨者云近歲最多雨之年共一百四十日最少之歲年一百十二日然晴雨甚調五日中三日晴兩日雨從

無久旱不雨一雨經旬者
叻地一年內有元旦三華人元旦一定者也西人用西歷無定而有定者也若巫來由入元旦則有定而實無定其將近元旦之前數日夜半彼教中牧師登高處望日出見天際一線日光出地卽欣然曰明日元旦矣於是集衆教堂中立誓以爲實見日出每年元旦在中國六月初設遇風雨連朝陰晦無日有遲至中旬者今年中歷有閏故五月初二日爲其元旦是日乘車賀年亦紛紛不絕於道
坡中平陽多而山少山亦不高惟居全坡適中之一山高五十餘丈英總督署卽建其上輪船入口首先望見此爲最高他如大小坡分界處之王家山及迤西瀕海一帶諸山俱高

不過十餘丈王家山有石磴可登磴止三十餘級

輪船入口王家山及迤西一山俱升旗幟以報各商瞻其旗號可識何國何行何船從何處來二山因俱名升旗山

兩升旗山俱有炮台王家山每日十二點鐘放炮一響以準鐘表禮拜日改一點鐘放黎明五點鐘黃昏九點鐘各放炮一響以定晝夜

凡遇火警傳電至王家山卽放炮放火箭日則懸旗夜則懸燈炮之響數箭與旗燈之顏色分出地段使人一望而知救火車聞炮卽出沿途皆有水門澆灌甚便故無大火

坡中廟宇寥寥會館亦少宏壯而教堂林立有天主耶穌天方各教之别若大若小或崇或陴不下二十餘處

市廛繁盛莫若大坡洋行銀行信館海關均在大坡海濱小坡雖有市集皆土人所設土貨及各項食物無一巨肆其迤北一帶多園林樹木境最幽靜有地名牛車水者在大坡中酒樓戲園妓寮畢集人最稠密藏垢納汙莫此爲甚

煤氣燈徹夜不熄各鋪戶門首俱懸神燈初二十六之夜家家點燈至九點鐘方熄

牛車水一帶妓館櫛比聞注籍於護衛司之妓女共有三千數百人而此外之私娼女伶尚不計其數皆廣州府人或自幼賣出洋或在坡生長者

頻年香港販幼女來坡賣入妓院者踵相接領事憫之率同華紳言於英總督允下護衛司議章保護設保良局以時查

察於是此風小息

戲園有男班有女班大坡其四五處小坡一二處皆演粵劇間有演閩劇潮劇者惟彼鄉人往觀之戲價最賤每人不過三四占合銀二三分並無兩等價目

叻中酒樓無多廣菜番菜各一二家凡宴客在各家園林者多菜兼中西酒飲白蘭地威四猻香賓等番釀飲粵東糯米等酒者已少紹興酒則如瓊漿玉液矣

客寓亦寥寥無多不如香港粵垣上海遠甚輪船到埠亦無接客之人必須自雇小艇運行李至岸另喚脚夫或雇馬車裝載然脚夫多閩人馬夫多土人言語不通易受需索故孤客遠臨極形不便

南洋鴉片煙貴於中國數倍以其稅重也叻中每錢需洋二角聞加拉巴亞齊等處每錢五角云然吸煙者並不見少且窮人尤多彼拉手車者日夜可得洋一元繳租四角可餘六角苟無煙癖度日有餘乃十人中無煙癮者不得一二炎蒸汗血博得之蠅頭盡入煙斗殊可憐已

英人賭禁綦嚴然叻中賭風甚盛有一局名天師公司專誘人賭黨與極多無法禁絕前年有華人上條陳於議政局請照荷蘭辦法盡弛禁令重征其餉歲可入數十萬元當時頗有韙其議者而輔政使司謂英國不能如荷蘭辦法致傷政體屏置不議仍求禁絕之法此亦可謂能識大體者矣

十年前途中但有馬車載人牛車載物後有東洋手車近又

有火車雖曰並行不害究之火車興而手車牌額截止舊者汰而新者不得增往時有四千輛者今不過二千餘矣貧民失業無以餬口往往流爲盜賊刦掠搶竊之案層見疊出西官不究其源但遇案治之獲犯懲之而已

居民食米來自安南暹羅緬甸每百斤約洋三元食物中魚最鮮美價亦廉其他豕羊雞鳧之類均視粤省昂貴而菜蔬尤甚

西人於西北山高處尋泉源鑿池蓄水用沙濾清以鐵管引至人煙稠密處復於山上鑿池激而上之再用沙濾散入支管便民取用居民多通管入屋量出水口門多少取值不限用度惟數日不雨則受之以節云

叻地樹木繁盛尤多椰林其次檳椰榴連菩提等樹最多然皆不甚高大欲求一百尺之材十圍之木無有也或曰故多喬柯六十年前西人開山被伐殆盡云

松有孤幹挺特高八九丈者枝葉層層皆圓其下寬二三圍漸上漸小多至數十重其形似塔因名塔松初見疑經剪紮後知自然生成又有扇蕉形似扇其根出地四五尺兩旁各茁葉七八瓣排列甚勻遠望宛然一扇此二種皆不多覯

椰實有大如斗者其汁甚清微有酒味土人多食之按南方草木狀云昔林邑王與越王有故怨遣俠客刺得其首懸之於樹俄化爲椰子林邑王憤之命剖之以爲飲器南人至今效之當客刺時越王大醉故其漿猶如酒云嘻其信然耶

叻中向多虎患西官懸捕虎之賞歲有所獲近年開路愈多人烟日密虎斂跡矣然聞西北山深林密處猶有虎穴在

鱷魚形似守宮自首至尾大者長十餘丈自昌黎驅後中國海面罕或見矣而近叻一帶甚多每於夜間游泳傍舟掉尾掠人落海吞噬聞每歲中輒有被其害者

坡中道途寬坦修治之工終年不輟橋梁多以精鐵爲之較之上海租界各橋更形堅固馬車路四通八達無往不利每於申酉之交馳車騁遊沿海濱以入山內濃陰深樹細草疏花不絕於目時或一谿一橋兩三茅屋或層樓傑閣隱約林間昔人所謂入山陰道應接不暇殆亦似之夕陽將下聞狺狺喔喔聲恍惚峰洲景象幾忘其置身萬里外也

西人所謂花園與中國異並無樓臺廊榭惟擴地一區多植樹木其中羅列名花奇卉供人清賞豢養珍禽異獸廣人眼界而花徑縱横亦頗引人入勝坡中之公家花園即此類也然草多花少有禽無獸尚不如香港之園此外富商巨賈購地爲園則略有樓臺以時宴客亦頗饒幽致

叻中無名勝地然一草一木無不向日似笑禽言鳥語盡含歡聲日晡時瀕海遠望帆檣林立中浮巒數疊隱隱送青此景不可多得至如公家花園雖無足觀亦甚幽曠而兩處出水之山一泓清水周以鐵闌旁蒔花草别饒佳趣

西國於大小書院外别有博物院所以考平日之耳聞徵諸目見實與書院相輔而行於學問一道大有裨益者也叻中

博物院規制甚隘儲物無多然倮之族有巨人全體之骨焉毛之族有虎豹犀象及馬牛種種焉羽之族有射屏之孔雀焉鱗介之族有鱷魚巨黿焉皆習聞而罕見者至如獮之類十有餘鶴之類二十有餘蝶之類百有餘鸚鵡綠者正色而或朱或黃或白或黑蝟之毫如刺西人取以爲筆而其形如狠而無尾豕與羊有一首而二身者魚之首有如人面者蟒之長有十餘丈者又若各國古衣冠古戰具古錢奇奇怪怪莫殫其數然聞倫敦博物院百倍於此殊興望洋之歎矣

西人醫院之設所以惠濟窮黎非淺其治法有與中國不同者故華人每震駭不敢入然其規制之善固可仿行嘗見澳門華商所創之鏡湖醫院其中養病所分內症外症瘋症男

女各別一切皆如西醫院而醫生則華人爲之仍用刀圭方藥此仿西人規制而能通其變者宜乎仁壽一方也坡中醫院爲英人所設地寬廣病房潔淨透風人設一榻外又具長棹櫈以時食息病者或偃或立或坐或行無拘苦狀因思中國各城邑施醫施藥不乏善政其大都會善堂林立亦有留養病民者然房舍偪仄穢氣薰蒸無病人入之難免生病病者其何能瘳如西醫院不過拓地數畝增屋數楹雇打掃夫數名而惠不大且實乎

閩廣沿海人民至南洋各島謀生雖已日久然皆貿易之商賈或以負販營生一廛受處即傭工之輩往時航海而來亦多有依託二十年來西人開墾招工傭值頓貴於是販賣人

口出洋者名曰賣猪仔設館於澳門公然買賣沿海人民或被騙或被劫一入番船如載豚豕西人以賣者賤視之卽亦虐役之其慘有不可言狀者迭經查禁一時稍戢日久網疏此風漸長近來厦門香港每一輪船開行搭客多至千人少至四五百其中自願出洋者固多被拐者當亦不少去歲竟有拐同母兄及從兄來坡者經粤省大憲訪聞行查遞籍其由領事就地訪確超拔遣回者近歲較多

華人來南洋做工者抵坡先投客館客館者奸商所設卽猪仔館也客或自備舟資稍有旅費者不敢虐視若迫於生計倉卒出洋身無長物一投客館則此身非已有矣固不必被拐而來始落陷阱也在叻華官紳屢欲淸其源而爲英官所

持卒不得行

中國犯罪之徒皆以南洋爲逋逃藪地方官訪查得確移文領事請提皆以約章未載爲西人所持此例不通關繫政令非小

生齒日繁莠民雜糅結黨立會爭立名目西官迭次嚴禁現存一會名目有五西人統謂之危險會凡入會有冊每年報護衛司據報上年新入者六千三百五十人其歷年入會總冊共有五萬六千二百餘人誠可云危險矣

坡中開埠伊始西人政尚寬大以廣招徠閩廣人接踵而至懋遷有無日新月異當道光末咸豐初已成巨埠同治間稱極盛踵事增華至今日而發洩已極近年商務雖未減色然

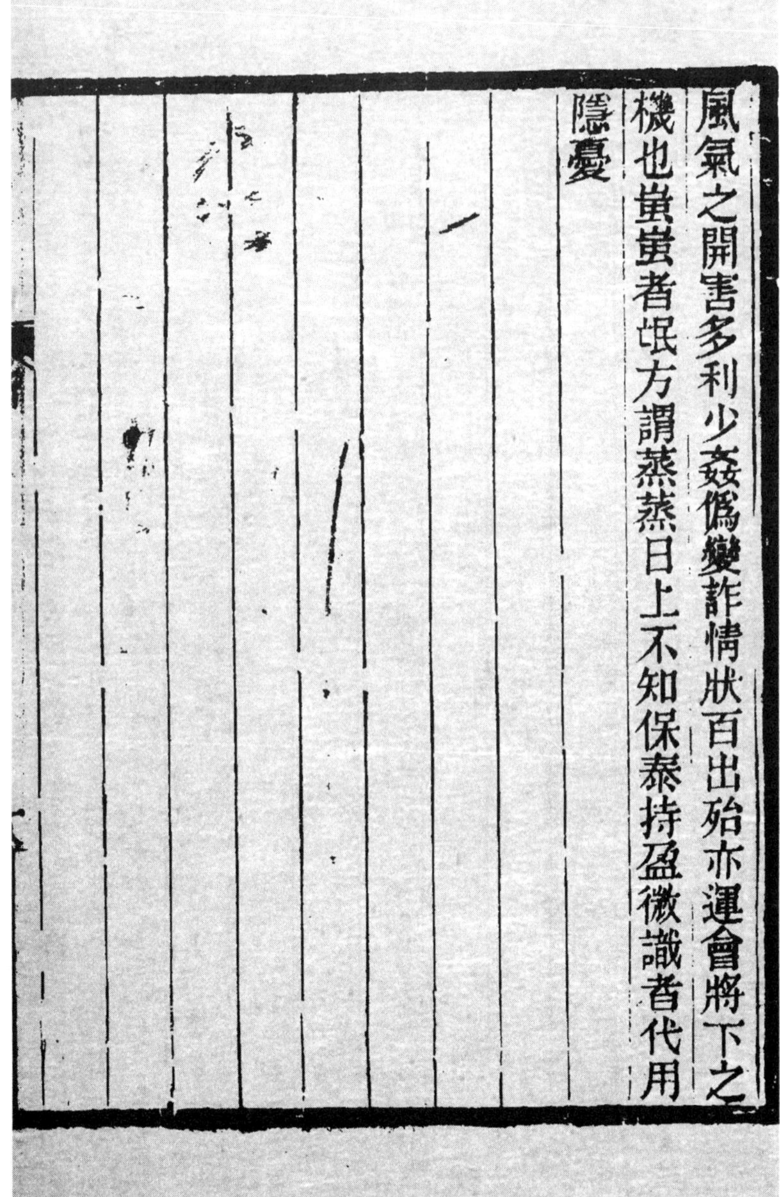
風氣之開害多利少姦僞變詐情狀百出殆亦運會將下之機也蚩蚩者氓方謂蒸蒸日上不知保泰持盈徵識者代用隱憂